天才的人間力 鈴木一朗

51+5則超越野球的人生智慧

〔名人堂典藏紀念版〕 張尤金／著

ICHIRO SUZUKI

Baseball Samurai's Inspirational Stories, Quotes & Wisdom

目次 Contents

目次 Contents

Part 7 未完待續

附錄

【自序】

鈴木一朗，未完待續

二〇二四年八月，《天才的人間力，鈴木一朗：51則超越野球的人生智慧》出版三年多後，一位大型書店通路負責人告訴我，這本書是他們有史以來最暢銷的運動書，「你後來寫的大谷翔平都沒賣這麼好。」朋友對我說。

聽到這句話，其實是滿滿的回憶與感動。這本書是我寫網路部落格、棒球專欄十四年來第一次嘗試出版，還記得一開始忐忑不安的心情。出版當天中午，我走到公司附近的誠品信義書店（已歇業）「巡田水」，店員告訴我書還沒上架，「但這幾天詢問度很高」，當天傍晚隨即收到出版社主編告知即將再刷的消息。

誠如媒體報導所言，這本書帶動一波運動書的出版風潮。也因為成功踏出這一步，開啟我每年出一本書的寫作新階段。過去四年來我出過鈴木一朗、野茂英雄還有兩本大谷翔平的傳記，但說到情感最濃醇、最回甘的一本書，依然是這本鈴木一朗。

常有人問我，如何在朝九晚五工作之餘，仍能維持每年出書的步調？我的答案正是「一朗精神」。正如一朗在引退記者會所言，「我內心有一把尺衡量自己的極限，每次一點一點去超越極限，然後不斷重複，因為這樣，我才能成為現在的我」，這是一朗的野球人生帶給我的學習與成長。

這本一朗傳記也激勵了許多讀者。「舉重女神」郭婞淳帶著這本書在東京奧運奪下金牌，比賽時，一朗的金句不斷從她心裡流過：

「對於自己想做的事，就放手去挑戰吧！不是因為覺得能成功就去做，而是發自內心的想要嘗試看看，這樣不管結果如何，自己都不會後悔。」

「要比較的人，永遠是自己。」

除此之外，印象很深刻的是一位從香港嫁來台灣的媽媽，她把書中的一朗金句加上注音，做成一張張字卡，貼滿家裡的牆面，要讓孩子時時學習一朗精神。

若要問我，本書五十一則篇章當中哪一篇才是我的最愛？我的答案是第四十三篇「岸本耕作——棒球手套是肢體的延伸」。不瞞大家，從完成這篇草稿到出書後，每當我重新看這段故事都會熱淚盈眶。這就是一朗的野球人生帶給我們的感動。

身為這個世代的棒球迷，很驕傲能見證鈴木一朗入選美國棒球名人堂，也很榮幸參與名人堂紀念版的編寫。本次新增五個篇章，分別是〈傳說的誕生——不打瞌睡的兔子〉、〈富士高校——四百四十九次揮棒的熱血指導〉、〈一朗流野球——與高中女子選手的『真劍勝負』〉、〈一朗與弓子——安打與飯糰的戰鬥〉、〈繼去現己——不斷超越自我的野球人生〉，另新增六幅經典彩色圖片及書衣海報。請和我一起，重新沉浸在朗神的傳奇生涯與人間力吧！

楔子

1 達成夢想就是累積微不足道的小事

縱橫美日的職棒明星鈴木一朗說過許多極富哲理或撼動人心的名言，但要問我最喜歡的一句話，這就是我的答案。

為什麼？跟他生長在同一時代的我們，若回想一朗從小到大的人生歷程，你會發現，這句話簡直貫穿了他的人生。

先從一朗的棒球成就開始說起吧！不管是「金氏世界紀錄」認證的世界職棒安打王、美日通算4,367支安打，還是二〇〇一年二四二支安打的大聯盟新人單季最多安打紀錄，二〇〇四年二六二支安打的大聯盟單季最多安打紀錄，或是二〇〇一～二〇一〇年連續十年單季兩百安，這些偉大的紀錄，都是從一支支安打日積月累而成的。

他的揮棒就像打網球一樣精準，可以隨心所欲地操控球飛越內野手頭頂，穿越防守空隙，即便打成內野滾地球也能靠腳程跑出內野安打。前西

【神之語錄】

「達成夢想與目標的方法只有一個，就是累積微不足道的小事。」

——鈴木一朗

雅圖水手隊明星二壘手布恩（Bret Boone）說：「他把打擊變成一種藝術，我看過這小子單場五個打數狂打四支內野安打，他有各式各樣的上壘方式，而且他會隨對方投手的每一球來決定自己要用哪一招。」

不像一般打者從小被教育每一球都要全力揮擊，一朗的揮棒是可以「變速」的。他會趁比賽空檔跑到影片室研究自己的前一個打席，然後決定下一次揮棒要加速還是減速。名人堂球星、曾任一朗打擊教練的莫里特（Paul Molitor）盛讚：「我從沒看過誰能像他這樣操控球棒！」「棒球比賽因為這男人而不一樣，他能看到比賽場上的防守空隙，然後引導球落在他想要的位置。」

說到操控球棒，二〇〇一年，一朗曾將本壘板前六英寸落地的反彈球打成中外野平飛安打。可別以為這是瞎貓碰上死耗子，時任水手隊總經理的吉利克（Pat Gillick）受訪時說：「喔！這我以前就看過了，他在日本會練習揮打反彈球，所以他打得到。當球棒在手，他就是魔術師。」

當一名打者連本壘板前挖地瓜的壞球都勤奮練打，你不難想像他對棒球場上任何一個微不足道的環節都已經預做最完善的準備。邁阿密馬林魚時期的隊友史坦頓（Giancarlo Stanton）說：「不論他被指派去做什麼，他總是準備就緒。先發也好，延長賽第十二局雨中上場也好，他永遠處於準備好的狀態，這太不可思議了。」

日本武士道有「文武兩道如車之兩輪」一說，「文以佛學立心，武以技藝練體」。延續武士道精神，一朗在棒球場上的「心體技」，所謂的「技」涵蓋了「走攻守」，而「心」的重要性又遠高於「技」或「體」，亦即「精神論」勝於「技術論」。

「心」的範疇包含克服、平常心、品格、忍耐、精進，這是父親鈴木宣之從一朗祖父母身上學到的人生哲學，也是他諄諄教誨一朗的四個面向：努力、鬥志、耐心、調和。而在一朗成名之後，媒體才發現，這四大面向與日本古代武士的中心思想其實相當接近。

一朗對「心體技」另有一番解讀，二十歲的他曾說「我把身體放在最前面」，這是一種「只要身體狀況良好，就能攻無不克」的自信。然而他如何將身體狀況維持到四十五歲退休，甚至還曾發下豪語要打到至少五十歲？說來你可能不相信，但這是他的夫人弓子親眼目睹的事實，弓子說：「躺著睡覺的時候，他每隔一段時間就會翻身朝反方向睡，然後一直重複相同的動作。有一次我問他為什麼，他說：『因為老是將身體的重量壓在同一邊的手腕和肩膀上睡，會破壞身體的均衡，所以即使是睡覺也要小心。』」

就連睡覺這種最放鬆而無意識的狀態，都能養成翻身的習慣，一朗對身體的維護可見一斑。

為了配合職棒選手下午三點上班、晚上十一點下班的晚場出賽時間，一朗長期維持凌晨三點就寢、上午十一點起床的作息，使精氣神在比賽時達到最佳狀態。至於白天的訓練課表則規律地維持如下：

11：00：起床。使用日本「天空之翼公司」（World Wing Enterprise）為他量身打造的專屬器材，在家自主訓練。

中午：吃完午餐，繼續訓練。

15：00：抵達球場，使用他放置在球場的專屬訓練器材，之後進入打擊籠（batting cage）練打。接著使用部分訓練器材後，上場進行打擊練習。

18：15：團隊打擊練習結束後，回到打擊籠繼續練打，再使用專屬訓練器材。

19：10：比賽開打。

賽後：回家吃晚餐，飯後視狀況適度進行夜間訓練，使用專屬訓練器材，最後以按摩作為一天的結束。

03：00：上床就寢。

這樣的作息時間甚至精密到以秒計算，因此日本媒體形容弓子夫人是丈夫的鬧鐘，不管是訓練、按摩洗澡，甚至吃飯，一朗一半以上的行程都由弓子精確地計算著。舉例來說，如果一朗希望到達球場的時間是下午二點二十五分，弓子就會把用餐時間設定在此之前半個小時，也就是一點五十五分；出發前一朗往往要吃上兩片吐司麵包，他請弓子精算烤麵包的時間分別是第一片兩分三十秒、第二片一分三十秒；不僅烤麵包的火候和餘熱要精算，就連奶油也精準用微波爐加熱八秒，然後由一朗親手塗在烤好的吐司麵包上。

在團隊練習之後，一朗一回到休息室，便會食用妻子親手為他捏的兩個飯糰，及時補充體力，緩解疲勞。

每個一朗的前隊友都能說上一段關於他的故事。前馬林魚投手史崔利（Dan Straily）回憶某次到費城的客場之旅，一朗邀請他去壽司店共進晚餐。一開始史崔利很驚訝，因為一朗竟然和他相約「七點十九分」在飯店大廳集合，後來他才知道一朗精確估算從飯店走到餐廳需要十一分鐘，因此他向餐廳預訂七點三十分，分秒不差。

在運動的領域中不容易有真正的創新與獨特性，許多你想得到的訓練方式，別人早想到了，即便是你的創意或發現，也很容易被其他人——例如隊友——模仿或學習。但什麼才是別人永遠無法抄襲也模仿不來的？

那就是持之以恆的規律。

棒球場上許多看似「獨一無二」的球星，其實都有前例，例如身材高瘦的側投三振高手賽爾（Chris Sale）神似「巨怪」（Big Unit）強森（Randy Johnson），普侯斯（Albert Pujols）在體型、打擊姿勢和守備位置上則像是名人堂球星巴格威爾（Jeff Bagwell）的翻版。

「獨一無二」這個名詞不能浮濫使用——除非是鈴木一朗。不管是從高爾夫揮桿動作幻化而來的「鐘擺打法」、精準到以秒計算的規律生活作息，乃至於無與倫比的安打數據，在在證明他是棒球史上「獨一無二」的存在。

而這些看似微不足道的小事，正是成就鈴木一朗人生的重要環節。套一句張尤金在網路專欄的口頭禪：「你怎能不愛鈴木一朗？」

初

Part 1

櫻綻

2 紅色手套——三歲小孩的「工具」

「自從三歲那年拿到球棒和手套之後，一朗就成了『棒球』的俘虜。」這是鈴木一朗的父親宣之隨口說過的一句話。但對一朗來說，這只手套並不是玩具，而是他棒球的啟蒙。

父親大病初癒後的重生

一九七三年十月二十二日，家住愛知縣西春日井郡豐山町的鈴木宣之與妻子淑江喜迎次子出生。

在次子出生的兩年前，二十八歲的宣之因為工作過勞而得到肺結核，染病一年多才完全康復。由於淑江懷孕的時間點是在宣之肺結核痊癒後沒多久，醫生原本擔心大病初癒的他身體狀況不理想，可能影響胎兒的健康，導致小孩出生後體弱多

【神之語錄】

「這不是玩具，而是教導他何謂事物價值的工具。」

——鈴木宣之（鈴木一朗的父親）

「善待球具，你才能成為更好的球員。」

「這是我的工具，你不會看到一個傑出的工匠隨意棄置鐵鎚。」

——鈴木一朗

病，因此建議已經有一個兒子的宣之考慮是否要留下這個孩子。但宣之卻認為這個孩子的降臨代表自己生命的重生，他決定無論如何都要讓這孩子成為鈴木家的一份子。

所幸這些擔心都是多餘的，一朗出生時是個體重4,280克的健康寶寶。至於為什麼命名為「一朗」？依照日本人的命名習慣，「一」、「太」代表長子，「二」、「次」則代表次子，但宣之將長子命名為「一泰」之後，為什麼又將次子命名為「一朗」？

原來宣之在兄弟姊妹中排名第三，兄長繼承家業後他選擇從東京返鄉自行創業，成為「牧田工機」的下游承包商。由於創業備極艱辛，還必須面對親友反對他放棄在東京大好前途的質疑，此時父母的諒解與支持對他格外重要；而在宣之因過度操勞而感染肺結核住院期間，年邁的父母甚至為他扛起家計重擔。因此宣之為了讓自己和下一代永遠感念父親的恩德，便以父親名字「銀一」中的「一」字來為兒子命名，這就是為什麼雖然一朗是次子，卻有個神似長男名字的由來。

至於一朗的「朗」字，有此一說，是宣之希望將這個孩子養育成開朗的孩子。

紅色手套：棒球生涯的原點

二〇〇〇年十一月，宣之在豐山町老家附近成立了一朗的文物展示間，裡面完整收藏他從小到大使用過的上千件物品。相較於一般父母在子女嶄露頭角後才開始收藏他們的獎狀、獎盃、球具，為什麼一朗的父母卻能「超前部署」，將他從小小孩時期的塗鴉、李小龍公仔、變形金剛玩具、任天堂遊戲機、腳踏車、剪貼簿、房間的櫥櫃、牙齒矯正器……全部都完整保存？

展示間工作人員給了答案：「當一朗還是小小孩時，他的父親告訴母親：『他總有一天會成為偉大的運動員，我們必須保存所有物品。』所以他們就開始這麼做了。」

如何從一個出生後不久的小小孩身上，感受到他有成為世界頂尖運動員的潛質？我相信連宣之自己也說不出個所以然。但就如同宣之堅持要讓一朗誕生在這世上的想法一般，這就是他對自己信念的執著，而一朗從小到大「一旦決定就無法改變」的性格，顯然也遺傳自父親；另外一種想法是，就如同日本作家所言，宣之歷經重病後得子，難免會有「搞不好這孩子是代替自己轉世的生命」這種想法，再加上妻子懷孕過程中因為自己的堅持才得以保住胎兒，由此不難理解他在孩子出生後加倍疼愛的心態，進而將自己成為職業棒球選手的夢想投射在孩子身上。

一朗三歲那年，宣之送給他人生第一個棒球手套，從此開始每天的傳接球遊戲。但如果你以為這只是給三歲小孩的玩具，那可就錯了，這是一只亮紅色的真皮手套，是當時在豐山町所能買到最貴最好的，足足花了宣之半個月的薪水。雖然妻子淑江極力反對買這麼貴的玩具給一個三歲小孩，但宣之的想法卻沒有因此而動搖，他說：「這不是玩具，而是教導他何謂事物價值的工具。」

而一朗也愛上這個手套，他後來受訪時說：

「最早的記憶是三歲的時候，父親給了我手套和球。手套不是那種玩具型的，而是紅色、真皮做的，真正的棒球手套。」

「我那時非常高興，走到哪裡都帶著這個手套。等到四、五歲開始去幼兒園時，這副手套已經用得非常舊了。」

「在家裡也會和父親傳接球、模仿揮棒的動作。要說我的寶物，就是這副手套和球了。」

這只紅色手套不僅是引領一朗進入棒球世界的球具，宣之更將之定位在「教導他何謂事物價值的工具」，每天晚上一朗上床睡覺前都必須將手套清潔乾淨、上油保養。

尊敬與感恩：日本棒球文化的體現

一朗對於球具是出了名的愛護，我們可以從兩個不同層面看待他的觀念：

1 專門職業人員的工具

如同刀具之於廚師，手套和球棒同樣是棒球員賴以維生的工具。多年來一朗一以貫之地闡述相同的理念：

「我被教導要重視工作的用具。中學以前是愛護鉛筆和筆記本，進了高中就很重視棒球球具。如果不理睬地棄置一旁，會逐漸磨損，我不喜歡這樣。所以我自己動手保養。」

「善待球具，你才能成為更好的球員。同樣的情況也可以適用在廚師（和刀具）身上，你是專門職業人員，你靠專業維生，所以你必須尊重你賴以維生的工具。」

「不只球棒，手套也是。有些球員放任手套乾透、皮質變硬，甚至一屁股坐在手套上，我無法理解，更無法想像。」

「這是我的工具，你不會看到一個傑出的工匠隨意棄置鐵鎚。」

2 日本文化的本質

由於宗教信仰使然，宣之篤信天地萬物皆有靈，棒球手套亦如是，所以他從小教導兒子在保養手套時，必須抱以「尊敬」與「感恩」的心情。

相較於「專業人士愛護工作用具」，「尊敬」與「感恩」是一種精神層面的提升，更是日本與美國棒球文化差異的體現。有美國媒體開玩笑形容一朗為手套上油時的虔敬態度，「彷彿他認識這頭牛」，顯然這是美國文化所無法體會的精神層次。一朗說：

「對用具和球場的感謝，這裡（指大聯盟）完全感受不到。球場也不太打掃，釘鞋和手套也不擦。當然，大聯盟聘有專人負責整理球場，有專人負責整理球具，甚至專人負責刮除釘鞋上的泥土，但我還是不習慣。」

「球技的部分我當然希望學習大聯盟的優點。不過，再怎麼習慣大聯盟的方式，只有對球具心懷感謝這個部分我不想忘掉。不管球鞋或手套，我還是會像以前一樣自己保養。」

撇開宣之後來對一朗近乎凌虐的棒球訓練，以及兩人如今形同陌路的父子關係，至少「手套」這件事在教育上是完全成功的。對於棒球球具的愛護，乃至於尊敬、感恩的心情，不僅培養一朗成為偉大的職業棒球選手，更形塑他一生的人格。

在宣之的家庭工廠約莫七坪大的廠房裡，擺放著工作結束後磨得發亮的鐵剪，以及一塵不染的車床，這就是宣之對一朗的身教。

3 三點半之男——父子間的男子漢約定

就像《灌籃高手》之於籃球，《足球小將翼》之於足球一樣，說到日本最經典、影響力最大的棒球漫畫或卡通，大家第一個想到的應該就是《巨人之星》了。

這部由梶原一騎原作、川崎伸作畫、一九六六～七一年間在《少年MAGAZINE》連載的棒球漫畫，對日本的影響力到底有多大？就連作家東野圭吾這種極端的反巨人迷，都是《巨人之星》的狂熱粉。因為在他眼裡，《巨人之星》並不是棒球漫畫，故事雖以高中棒球及日本職棒為背景，但以星飛雄馬為首的出場人物做的卻是「非棒球而近似棒球」的另一件事。

那到底是什麼？

東野認為，《巨人之星》的棒球其實是格鬥技，更進一步說是武士

【神之語錄】

「我從不對父親說『不』，因為我知道，他正在盡最大的努力來幫助我。」

——鈴木一朗

道也可以。他引用漫畫中投手星飛雄馬與打者花形滿的首次對決為例，花形的必殺技名為「擊倒打法」，擊出的球會從對手的手套彈開並命中面門。為了迎戰這種打法，星一徹對兒子進行了常人無法想像的魔鬼訓練——他在球表面抹上油並點火，打出去要飛雄馬接，難怪飛雄馬的姐姐明子要躲在樹後哭泣。最後，飛雄馬掌握了用釘鞋底部將球彈回去的技巧，在與花形的對決中獲勝。

真實世界的棒球場上，呈現的是君子之爭：先發投手投六局失三分，會被認定是「優質先發」；打者即便在十個打數失敗七次，一樣是打擊率三成的強棒。但在《巨人之星》卻完全不是這麼一回事，因為投打雙方都以打倒對手作為唯一的生存意義。

漫畫中的飛雄馬，球一旦被打成安打，他就會沮喪得彷彿失去了人生的希望，但若現實世界也是如此的話，那麼大聯盟三振王萊恩（Nolan Ryan）早就死將近四千次了。

所以答案很簡單：《巨人之星》是以棒球比賽的方式，呈現投打對決的格鬥技，而其真正闡述的是武士道精神。

「多桑，你可不可以陪我練球？」

在一朗成名多年之後，父親宣之曾經公開他為年幼的一朗所排定的訓練計畫，有棒球作家就發現這其中有濃濃的《巨人之星》的味道。

《巨人之星》在漫畫劇情和人物設定上，都有太多不合理的地方，現在看來確實搞笑，但如果說，宣之是以《巨人之星》等級的斯巴達式教育來訓練一朗，你相信嗎？

倒不是說宣之把漫畫裡不人道的訓練方法加諸兒子身上，應該說，《巨人之星》連載是在日本二次大戰後的復興時期，歷經過戰爭，讓那個年代的許多人把刻苦的生活方式視為理所當然，而宣之就是用這種態度在教育兒子。

雖然宣之曾說「棒球對我和一朗都是件有趣的事」，但一朗聽到媒體轉述後卻加以駁斥：

「他是個騙子！」

「只有他才覺得有趣好嗎？對我來說，這種訓練過程根本就像在演《巨人之星》，有太多瀕臨凌虐的邊緣。但我從不對父親說『不』，因為我知道，他正在盡最大的努力來幫助我。」

至於宣之如何幫助一朗？什麼又是《巨人之星》的訓練方式？

鈴木一家人居住的豐山町，當地只有一支少棒隊「豐山町運動少年團」，參加資格限定小學三年級以上，而一朗就讀的豐山小學並沒有棒球隊，只有足球隊。

當宣之詢問一朗要不要加入學校的足球隊時，一朗出人意表地回答：「**我比較想打棒球！**」這對高中就讀愛知縣東海高校時期曾夢想成為職業棒球選手、卻因觸身球留下陰影而不得不放棄棒球夢的宣之來說，不啻是最大的鼓舞。於是宣之帶著一朗到地方社團性質的豐山少棒隊辦事處報到，並且為了就近照顧與指導孩子，他毛遂自薦擔任球隊的監督。

至於年齡受限的一朗有破格上場比賽嗎？一朗後來受訪時笑著說：「其實三年級以上才能上場，所以我虛報年齡，還用假名登錄參加少棒比賽，因為個子最小，很怕被人發現。不過大概是球打得還可以，所以也沒人說不行。」

由於社區少棒隊的小選手來自不同學校，唯有星期天才能全員到齊練球，這對熱中棒球的一朗當然不夠，再加上他希望每週日練習或比賽時都有好表現，於是他問父親：「多桑，你可不可以陪我練球？」

宣之反問兒子，願不願意承諾每天努力不懈地練球，並堅持到最後？一朗點了點頭。一朗後來回憶說：「雖然少棒隊只在星期天練球，但我答應父親絕對不休息，所以每天都練。我是真的很喜歡打棒球，打棒球對我來說很快樂，遵守這個約定算不上是苦差事。一直到升上中學為止的這幾年，每天下課後的一對一練習從來沒有間斷過。」

況且辛苦的不只一朗：「雖然父親對外界總是說：『好像每天在跟一朗玩耍一樣！』但說玩耍是好聽的，實際上才沒這麼好呢。父親每天都很認真，拚了命地陪我，有時我也很苦，不過連續幾年下來也習慣了吧！我每天下課一定要到伊勢山球場練球，從來沒有偷懶的念頭。有時真的不想去，但父親還是會先去，並對我說：『一定要來哦！』在這種情況下，小孩怎麼可能打混？結果只要開始練球還是會覺得好玩。從另一個角度看，雖然這是父親跟我的約定，但他平日還得工作，一定很辛苦。」

由於自己經營小工廠，宣之每天下午三點會將工作交代給前來打零工的歐巴桑，然後人就消失了。久而久之，員工和鄰居都知道他帶著球棒、手套和一整箱球去參與兒子的練習，因此稱呼他是「三點半之男」。

現在就讓我們看看，這份《巨人之星》星飛雄馬等級的訓練菜單是怎麼個玩法！

《巨人之星》：星飛雄馬等級的訓練菜單

有此一說，宣之為了訓練一朗的責任感，他要求兒子自己揹著全套球具慢跑到球場，讓心臟進入運動的狀態。這對年幼瘦削的一朗其實相當沉重：「這對我是很重的負擔……雖然父親說這段過程充滿甜蜜與光明，但實際上才沒他說的那麼好呢。」

至於訓練過程更是如此。在跑步與簡單的傳接球暖身之後，一朗每天要先練投五十球，接著宣之拋球給他練打一八〇～二〇〇球，再來是內外野守備練習各五十球。少棒球場投手板到本壘板的距離大約只有十四公尺，不過宣之擊球給一朗練習守備時可是毫不留情的，想像宣之猛烈的擊球猶如暴風雨般不斷向一朗襲來，《巨人之星》漫畫的劇情，就在伊勢山球場真實上演。

題外話，宣之父子練球的場地雖名為「伊勢山球場」，但實際上只是個大約六十公尺平方、四周用網子圍起來的場地，距離宣之工廠大約三百公尺遠。

晚上七點回程的路上，父子倆有時會停留在路邊的小店吃個冰淇淋再回家。可別以為一天的魔鬼訓練就此畫上句點，因為在吃完晚飯、寫完功課之後，宣之又帶著一朗到附近的打擊練習場練打二五〇至三〇〇球。

在這個時段，一朗有更多時間沉澱思考與揣摩練打，父子倆會討論並模仿電視轉播中日本職棒明星的打擊姿勢，包括田尾安志（中日）、谷澤健一（中日）、落合博滿（羅德）、秋山幸二（西武）、篠塚和典（巨人）等。據宣之表示，「聰明的一朗模仿得維妙維肖喲」。

至於一朗一開始讓教練和隊友非常驚豔的投球技巧，則是受到中日名將小松辰雄的影響很大。

這段模仿與揣摩的過程，其實對一朗的棒球人生影響很大。就如一朗所言：「透過模仿，我可以獲得原本不瞭解的答案。」

而宣之的觀念也發揮巨大的影響力：

「如果能由學習、模仿而發掘出自己的特色，那就是一件好事。」

「我沒有固定的棒球理論，但這反而是好的。因為這樣才不會強迫孩子去接受。」

受到這種觀念的薰陶，後來一朗也開創出自己獨特的打擊機制。

4「天才」的定義——常人再努力也無法企及的境界

過去在網路專欄寫文提到鈴木一朗是「天才」、「打擊天才」，不明就裡的網友會嗤之以鼻，認為「天才」二字否定、甚至抹煞了一朗從小到大的努力。

其實應該這麼看：「天才」最狹義的解釋，是指在原型智力測驗中獲得一四〇分以上或前一％者，但這顯然不符合世俗有用的定義方式；就如廣義上，世人常謂愛因斯坦或牛頓是天才，指的是他們在科學領域的成就，若只局限在智商高或天賦異稟，反而太貶低他們的偉大了。

廣義上的「天才」泛指「成就不凡、傑出的作品、一般人再努力也無法企及的境界」，一朗顯然屬於這種天才，而幕後的推手正是鈴木宣之，他的父親。

【神之語錄】

「如果大家認為不努力也有成就的人是天才，那我不是天才；如果努力之後完成一些事的人被稱為天才，我想我是天才。」

「我從不覺得自己是天才，只要回顧自己每天做了多少折磨人的練習，就不會這樣想了。」

「『成功』是非常模糊的事，沒有必要去追求他人所認為的『成功』。」

——鈴木一朗

「他很特別，他擁有別人所沒有的巨大天賦」

小學六年級的一朗，在他的作文中曾經寫到這麼一句話：「從三年級到現在，一年三百六十五天當中我有三百六十天都在激烈地練習。」

你還記得小學的你都在做些什麼？年幼的一朗，當周遭年齡相近的鄰居或同學都在玩耍時，他的意志力難道不會動搖？

答案當然是會的。試想一個小學生，每天下午三點練習到晚上十一點，扣除吃晚飯、寫功課，長達六小時的訓練量，況且一年只休息不到五天，這種分量就連大人也吃不消；尤其在冬季酷寒的中日本，一朗常冷到手指僵硬，連衣服的扣子都扣不上去，遑論出門練球。

個性好強不服輸的一朗再累也不會要求休息，但就算他嘴巴上不說，知子莫若父，宣之依舊可以從他的表情觀察出來。當下宣之會暫停手上正在進行的練習，轉而陪他玩相撲，或是將附近玩耍的小朋友集合起來，和一朗比賽誰能把球打到最遠，等一朗的情緒和精神恢復之後，再繼續下面的練習。

當然，一朗也反抗過父親，有一次他在練球結束後躺在球場正中央睡覺，無論宣之怎麼叫都叫不動。宣之氣到了，他直接開車回家，將一朗丟在球場，而倔強的一朗等父親身影消失後才慢慢爬起來，然後故意繞遠路慢慢走回家，好讓家人擔心一下。

在宣之的記憶中，父子之間曾經發生過一次最嚴重的衝突。當時一朗拜託父親提早結束練習，好讓他去找朋友玩耍，在父親斷然拒絕之後，他索性坐在球場中央作無言的抗議。宣之氣炸了，他撿起箱子裡的球，一邊罵，一邊近距離往一朗身上招呼。結果你猜怎麼著？

原來一朗敏捷過人的反射神經是與生俱來的，他維持坐姿，對於父親丟向他身體兩側的球，他只要往左或往右少許移動就能避開；如果是朝他的鼻梁直直飛來，他則是一舉手就將子彈般的飛球輕易接了下來。

宣之後來回憶起這件事時，他說：「這是我的孩子，我很瞭解他就是這麼固執。雖然我有時會被他的頑固氣到抓狂，但我心裡很清楚，他很特別，他擁有別人所沒有的巨大天賦。」

「腳健康，身體就會健康」

在苦悶而沉重的練習之外，這對父子最開心的回憶，莫過於一起到名古屋球場看中日龍隊的比賽了。

至於一朗每天晚上的小確幸則是睡前的腳部按摩。每晚上床前，宣之會為他按摩雙腳，一直到一朗高中住進宿舍為止。

宣之常說：「腳健康，身體就會健康」，而這個觀念對一朗後來的棒球人生影響很大。大聯盟生涯超過五百次盜壘成功、超過六百支內野安打的一朗，不論訓練器材或按摩，都特別強調對腿部的鍛鍊與保養，包括在日職歐力士隊住宿期間，他買了一台腳底按摩機，就連出去遠征也帶在身邊；赴美挑戰大聯盟之後，賽後他也被媒體拍到用一根六英寸的木棒按摩腳底板及側邊的穴道。

對照時下流行的嬰幼兒親子按摩，其理念正與四十多年前宣之的想法不謀而合。正確的按摩方式可以啟發嬰幼兒五感發展、增強體質、提高免疫力，等同宣之腳部按摩的保健概念；更重要的是，觸覺是人類的本能需求之一，藉由親子間的肌膚撫觸可以增進情感，讓孩子有被愛的感受。

宣之這麼解釋：「有個名詞叫做『親膚關係』，不論我們父子倆再怎麼吵或罵，只有按摩雙腳這件事每天從沒間斷過，直到那孩子住進名電高宿舍的那一天為止。藉由肌膚接觸，情緒自然會緩和。所以當天不論我身體再怎麼不舒服，我都會持續做，兒子也逐漸能體會『我們已非所謂的父子，而是伙伴關係』。」

宣之舉例說，有幾次他在按摩的同時和一朗聊天：「我說一朗啊，那次的比賽……」結果一朗已經開始發出微微的鼾聲。回憶至此，宣之忍不住笑說：「他實在是個很好睡的孩子呢。」

必須說，宣之這項觀念非常正確，因為精神鬆弛的狀態有利於人際溝通。宣之經常利用這段時間，告訴一朗當天的練習或比賽有什麼缺失、該如何改進。後來年輕的一朗成為日職代表球星後，他最期待的還是在轉戰各地比賽之餘，抽空回豐山町老家讓父親按摩，順便聊聊心底話。

「如果因為會成功才去做，將來一定會後悔」

日本有媒體將鈴木一朗形容為「孤高の天才」，「天才」的定義就如前述，至於「孤高」呢？

日本對「孤高」的定義，通常指「想法或作為超脫世俗，非一般人所能理解，而且堅持自己的信念」。一朗不正是如此嗎？在他實現夢想的過程中，把太多人所定義的成功，都當作是自己的理所當然，一再奮發前進的結果，就連追隨者都被拋到不見人影了。下面這些一朗對於「成功」的名言，就是最好的例證：

「『成功』是非常模糊的事，沒有必要去追求他人所認為的『成功』。」

「其實我很討厭『成功』這個字眼，如果用『成功』當判斷基準，覺得會成功才去嘗試，覺得不可能成功，就連試都不試，這樣將來一定會後悔的。」

「對於自己想做的事，就放手去挑戰吧！不是因為覺得能成功才去做，而是發自內心地想要嘗試看看，這樣不管結果如何，自己都不會後悔。」

5 空港打擊中心——傳說中的第八號球道

小學三年級時，鈴木一朗的球技已經遙遙超越同校同學或隊友了，因為當其他人還在練習基本動作的時候，他已經可以輕鬆地把父親投的球打得老遠。

父親宣之知道，是時候該給一朗更進階的挑戰了。

一如前述，一朗從三年級開始，下午三點放學後先和父親前往伊勢山球場練球，七點左右回家吃晚飯，在寫完包括珠算與書法在內的功課之後，父子倆會在大約八點左右到達「空港打擊中心」，而且經常在晚上十一點打烊後才拖著疲憊的身軀離開。

「空港打擊中心」開設於一九七五年，因為附近的名古屋機場而得名。打擊練習場經理井上鍊一回憶說：「他們一年當中大概會來三百天吧！當時一局二十五球兩百日幣，一朗小學時一晚打六至七

【神之語錄】

「我還記得兒時，我總是能做到別人嘲笑我的事情，我為此感到自豪。就像我小學時每天進行打擊訓練，鄰居看到我都會嘲笑我：『你真的以為自己能成為職棒選手嗎？』」

——鈴木一朗

局，中學時最少十局。很花老爸的錢喲！」

如同在《巨人之星》訓練中扮演「星一徹」（星飛雄馬父親）角色、對兒子施以斯巴達教育的宣之，花在兒子身上的時間、精力與金錢，其實是難以估計的。以金錢為例，一朗三歲時的那只紅色真皮手套，就花費宣之大約半個月的薪水；打擊練習場又是一例，當時打二十五球大約要花費兩百日幣，如果以一天練打兩百球、一年練打三百天、從小學三年級持續到中學畢業計算，七年下來，光是花在打擊練習場的費用就超過三百萬日幣了，對於經營家庭工廠、有兩個兒子的宣之來說，其實也是筆不小的開銷。

由於一朗父子練打實在太勤快了，打擊練習場經理井上還特別和老闆情商，販售一個月兩萬日幣的折價券給宣之。

傳說中的第八號球道

「空港打擊中心」標榜使用正式比賽用球、打擊區縱深達六十公尺，共有九個球道，發球機球速介於時速八十五至一二〇公里之間。一朗和大他一歲的前日本職棒球星稻葉篤紀都曾在這裡練打，而一朗指定使用的第八號球道如今掛有兩人的照片，已經成為棒球迷的朝聖景點。

小學三年級的一朗，他的打擊技巧到底有多高？當時一朗打的是時速一百公里的發球機，對於機器設定的速球、曲球、噴射球都能輕鬆駕馭，與他的年紀、個頭形成強烈的對比。

練習場經理井上回憶，宣之父子幾乎天天前來練打，時間一久，他很清楚這對父子來的時間，因此會在他們抵達之前先把機器打開。一開始包括井上和其他顧客在內，無不被宣之與一朗的父子情深感動，但隨著一朗的打擊技巧日益精湛，父子感情已不再是大家的話題，許多年紀比一朗大一倍、甚至兩倍的客人甚至放下球棒，聚集在一朗的球道外圍觀他練打。

一朗小學四年級時，宣之已認定他將來能成為職棒選手：

「小學四年級的一朗在打擊與守備上，都已經超越高中時代的我。高中時我們學校的棒球隊是在愛知縣大會打到準決賽才輸給享榮高校，當時的投手與游擊手都很厲害，但小學四年級的一朗跟他們相比卻也毫不遜色。」

「而且在父子倆的練習中，當時一朗只當是普通的練習，但我可是拚足了老命喲！」

隨著一朗五年級時將發球機球速上調到一一〇公里，六年級再調到一二〇公里，他依舊能打得輕鬆愉快。在宣之的要求之下，練習場特別將一朗專用的發球機改裝強力彈簧，極速上看一三〇公里，不過這可苦了工作人員，因為對一朗駕輕就熟的一三〇公里速球，對其他顧客可能就是致命的火球，所以只要宣之父子一離開，工作人員就必須立即更換彈簧，以免對其他人造成危險。

只不過在一朗念中學之後，這台發球機還是被他抱怨太慢。最後能怎麼辦？等到他十五歲時，練習場經理和宣之乾脆將本壘板往前推移兩公尺，模擬時速一五〇公里的速球。這已經和當時日本職棒投手的球速相去不遠了，而且在反應時間縮短的情況下，發球機若有誤差而打中一朗，甚至可能造成永久傷害。但宣之願意冒這個險，因為他想藉此訓練一朗的專注度。

「壞球絕對不要打，浪費錢也沒關係」

宣之另一項讓練習場嘖嘖稱奇的做法是：即使浪費金錢，也要求一朗不能打壞球。當一朗踏上打擊區時，宣之通常在護網後面判斷好壞球，他也告訴一朗，凡是壞球都不要出手，而且不要擔心錢的問題；反之，如果一朗揮打父親認定好球帶以外的球，立刻就會被出言斥罵。

經理井上回憶說：

「很多客人為了不浪費錢，不管機器投出來的是好球還是壞球都照打不誤。但鈴木宣之的想法卻和絕大多數人不一樣，他告訴一朗：『壞球絕對不要打，浪費八塊錢也沒關係！』，萬一鈴木一朗不小心打到壞球就會被鈴木宣之大聲斥責。」

「所以為了不要讓機器投出壞球，在練習場打工的大哥哥們都絞盡腦汁調整投球機的速度、方向，這可以說是操縱機器者與鈴木一朗的對決。」

宣之「絕不打壞球」的訓示，培育出一朗超凡的選球能力。日職時期的一朗回憶說：「高校野球的好球帶很大，若是被三振，一定是自己認定壞球、但主審判定好球的狀況。我記得自己從來沒有揮棒落空被三振過。」由此也不難看出一朗對自己「選球眼」的自信。

此外，這台機器也經過調整，將原本投向打者腰帶左右的球路高度，改成投向一朗膝蓋以下一個球左右的位置，以練習偏低速球的揮擊。

經過長達七年的練習場人生，不僅鍛鍊出一朗出色的球棒操控能力與選球能力，更讓他從中確認自己將來成為職棒選手的自信。中學時期的他雖然體型瘦削，不夠強壯，也缺乏打擊爆發力，但他的棒球技藝已經不輸給絕大多數的高中選手了：

「那時有一個中京高校校隊的第四棒也常在那裡打球，但我看他的打擊覺得不怎麼樣。那天我就想：『搞不好我將來能成為職業球員！』」

「雖然搞不好是我太自我膨脹了，但我那時的確很有自信，不管如何，我就是想成為職棒球員。」

有此一說，一朗當時看到的中京高校高中生就是稻葉篤紀。而稻葉對一朗也印象深刻，他還記得小時候看到身軀瘦小的一朗揮棒速度奇快，而且幾乎每一球都能擊中球心。

一個國道旁的打擊練習場，卻成為兩個日本職棒明星小學到中學時期重要的回憶。

一九九四年球季鈴木一朗大放異彩之後，研究他就成為媒體、專家乃至於學者的顯學。有大學教授研究一朗的打擊機制後宣稱，他的揮棒速度比「世界全壘打王」王貞治還快。

揮棒速度奇快，讓一朗跟得上極速火球；面對變化球，他又可以跟球到最後一刻才出棒。即便被對方投手吊到而無法正中球心，可是他的腳程能將平凡的內野滾地球跑成安打。

一九九七年球季，一朗從小在「空港打擊中心」苦練的選球眼締造了另一項日本職棒新紀錄：四月十六日至六月二十五日期間，一朗連續二一六個打席沒被三振，這段期間大約涵蓋五十場比賽，或正規季賽長度將近四十％；再說到一朗的球棒控制能力，他曾經將對方投手提早落地的反彈球打到中外野形成安打。

6 非生即死——專注力與操控球棒的終極試煉

有人形容鈴木一朗是「操控球棒的魔術師」。但該如何形容一朗心隨意轉的揮棒藝術？我常會想到兩段影片。

操控球棒的魔術師，心隨意轉的揮棒藝術

一九九六年美日職棒明星賽，一朗對上才二十四歲、穿著蒙特婁博覽會隊球衣的投手佩卓．馬丁尼茲（Pedro Martinez），當時是這位名人堂大投手拿下生涯首座防禦率王（1.90）與賽揚獎的前一年。

馬丁尼茲曾經形容自己「站上投手丘就是一頭野獸」。十六歲加入洛杉磯道奇球團小聯盟時身高不到一七五公分，瘦削不起眼的他看起來更像是二壘手，所以馬丁尼茲告訴

【神之語錄】

「我隨時都承受著恐懼與不安的情緒，以及龐大壓力，因為若只想以愉快的心情來享受打球的樂趣，是無法存活在職棒世界的。」

——鈴木一朗

「當我站上投手丘，我就是一頭野獸；我想像自己有一九五公分高、一三五公斤重。雖然我個子不高，但我要表現得像個巨人。」

——名人堂投手派卓．馬丁尼茲

自己，一定要有一顆「獅子心」，任何人都無法企及的戰鬥意志，讓他敢隨時丟球砸那些靠近本壘板的打者，或是與教練、隊友吵架：「裁判曾經問我，『佩卓，你為什麼這麼好鬥易怒？』，這是因為每個人都認為我做不到，他們都是反對我的。所以我告訴自己，當我站上投手丘，我就是一頭野獸；我想像自己有一九五公分高、一三五公斤重。雖然我個子不高，但我要表現得像個巨人。」

那個打席，馬丁尼茲投出他擅長的武器——帶有侵略與擠壓意味的內角偏高速球，一朗卻能在縮起手臂的情況下精準咬中球心，擊出中間方向強勁滾地安打。影片後段是從打者側面拍攝的慢動作畫面，「鐘擺打法」特有的擺腿與重心移轉，電光石火的揮棒速度，將他心隨意轉的打擊技巧展露無遺。

另一段影片則是一朗加盟水手之後，日本電視節目的特別企畫。製作單位請到「大魔神」佐佐木主浩擔任餵球投手，再用各種角度的攝影機及重疊影像來分析一朗全方位的打擊技巧。面對佐佐木各種不同進壘點的投球，一朗都能順勢揮擊，或推或拉，將球打到左、中、右外野不同方向。最妙的一幕：佐佐木指著斜後方的攝影機，問一朗能不能準確命中，第一時間一朗爽朗地笑了，感覺這就是個不可能的綜藝節目橋段。

結果呢？一朗一擊命中！

「非生即死」：專注力與控制球棒的終極訓練

從小在神戶市郊長大，雖然一朗和父親宣之都是中日龍隊球迷，但他在打擊上顯然受到前讀賣巨人隊左打名將篠塚和典的影響很大。過去篠塚在打擊低潮時會進行下列特訓：先將來球連續推打到左外野，接著對準中外野，最後拉打到右外野。

這後來成為一朗根深蒂固的練打模式，不過對宣之來說，「知其所以然」還不夠，他要訓練一朗在極度專注力之下，將打擊技巧內化為反射神經與肌肉記憶的一部分。

在宣之身上發生過最誇張的一件事，是他設計了一套稱為「非生即死」的打擊訓練：他會站在一朗前面不到兩公尺遠的位置拋球給一朗練打。為了不要擊中父親，一朗必須將球打向左右半邊，而且承受不能有任何一球失手的壓力。

這種練習到後來是會致命的，因為從一朗五年級開始，他們從原本的軟式棒球改用職棒專用的硬球，在正常揮擊下被球打到骨折、甚至重傷都有可能，但宣之相信，這是在教導兒子學會控制球棒的過程中他必須承擔的風險。

或許該這麼說，宣之不在乎自己受傷的風險，因為他就是要用這種可能危及自己生命的方式，來訓練一朗的打擊專注力。所以宣之拋球的速度快慢都有，進壘點忽高忽低，一朗若想確實擊中來球，不僅注意力要完全集中，身體更非保持平衡不可，打擊機制不能有絲毫偏差。

小學三年級開始，宣之每天拋球給一朗練打一八〇～二〇〇球，而一朗就這樣練成超乎常人的打擊專注力與操控球棒的技巧。

教不來的球棒控制技術，投手最討厭的打者

生涯效力過日本職棒阪神及歐力士、大聯盟巨人及海盜等隊的投手佛格頌（Ryan Vogelsong）這麼形容鈴木一朗操控球棒的藝術：

「他能讓球棒維持在好球帶的時間很久，然後將球打到任何他想要的落點。」

「你一定看過他揮打小腿高度的低球，棒頭都快碰到地面了，他卻能打成左外野反方向的小飛球形成安打。這種球棒控制技術是你教不來的，也是投手最討厭對戰的打者。」

真的教不來？對一般人或許是如此，因為沒有人能像鈴木宣之一樣，用自己的生命在成就一朗。

7 我的夢想——成為一流的職業棒球選手

鈴木一朗曾在訪談中提到，小學三至六年級是他棒球歷程中最關鍵的時期：「比起中學、高校時代，這（指小學後四年）對我來說是最重要的一段時期。因為這段期間，棒球所需具備的感覺已深植在我的體內，像是揮棒擊球的感覺，或是投球、接球的感覺。雖然父親只是業餘的棒球人，稱不上專業，但這對我反而是好的。因為這樣我就不會被制約在原有的框架，反而可以自由磨練球技，照自己的方式研究如何把球投得更快，把球打得更遠。」

因為有這段期間的練習，一朗自述從小學三年級或四年級開始「將棒球作為人生未來的夢想」。小學畢業前，他寫下這篇膾炙人口的畢業作文，題目是〈我的夢想〉。

【神之語錄】

「我的夢想，就是成為一流的職業棒球選手。」
——鈴木一朗

我的夢想（僕の夢）

〈我的夢想〉

愛知縣西春日井郡豊山小學，六年二班，鈴木一朗

我的夢想是成為一流的職業棒球選手。為了實現這個夢想，我必須在中學及高校階段打進全國大賽，並表現活躍。為了能活躍於球場，練習是必要的。

我從三歲就開始練習了。雖然三歲到七歲加起來練習的時間不到半年，但從三年級到現在，一年三百六十五天當中我有三百六十天都在激烈地練習。因為這樣，我每週與朋友遊玩的時間只有五至六個小時。但也因為有如此激烈的練習，我想我將來一定能成為職業棒球選手。

在中學、高校的活躍表現之後，我打算在高校畢業後加入職棒，目標是中日龍隊和西武獅隊，經由選秀制度入團，簽約金一億元以上。我對自己的投球和打擊都很有信心。

去年夏天我參加全國大賽，在看了大多數投手的表現之後，我確信自己是全國大賽排名第一的投手；打擊方面，我在全縣大賽四場比賽打了三支全壘打，打擊率五成八三，我對這樣的成績很滿意，而我們的球隊在這一年也沒輸過任何一場比賽。

我會保持這樣的狀態，繼續努力，等我成為一流的職業棒球選手並出場比賽時，我要贈送招待券給那些照顧過我的人，讓他們到場為我加油，也是我的夢想之一。

總之，我最大的夢想就是成為職業棒球選手。

時間管理：將有限的時間資源花在最重要的事情上

時至今日，這篇作文仍為人傳頌的主要原因，不僅在於一朗懷有遠大的夢想並付諸實現，更是因為他「有想法」、「有作法」，迥異於同齡小朋友的夸夸其辭，老師的評語也給予正面肯定：「擁有一個遠大的夢想，志氣很高真的很棒。只要能以『我的練習不輸給任何人』而自豪，鈴木君的夢想一定會實現的，加油！」

我要特別提到一朗作文中這幾個面向：

1. 一朗人生的夢想不只成為職棒選手，他是要成為「一流」的職棒選手。又因為他知道「普通」的練習不可能達到「一流」的境界，所以他強調自己練習的強度（激烈，激しい）與持續力（一年有三六〇天都在練習）。
2. 一朗的目標具體而明確：「高中畢業後加入職棒」、「目標是中日龍隊和西武獅隊」、「經由選秀制度入團」、「簽約金一億元以上」。比起同齡小朋友設定目標可能流於空洞（例如：成為職棒選手）或好高騖遠（例如：超越王貞治、史上最偉大），一朗的夢想難度雖然不低，卻是經過深思熟慮和縝密計算後的結果。
3. 日本有經營管理專家認為一朗這篇作文已經隱含KPI（Key Performance Indicators，關鍵績效指標）的概念。KPI是指「衡量一個管理工作成效最重要的指標」，最常見是依循「SMART原則」加以制定，也就是說，指標必須「具體」（Specific，"S"）、「可衡量」（Measurable，"M"）、「可實現」（Attainable，

"A"）、「攸關性」（Relevant，"R"）、「有時限」（Time bound，"T"）。為了「在高中畢業後進入職棒」並「成為一流的職業棒球選手」，一朗給自己訂定的KPI包括「一年至少有三六〇天激烈練習」、「中學及高校打進全國大賽並表現活躍」，已經若干程度符合「SMART原則」了。

4. 一朗點出自己當下與未來的差距所在，而這就是他未來六年必須努力的空間。他首先確認自己當下的立場——「去年夏天參加全國大賽」、「確信自己是排名第一的投手」、「打擊成績很滿意」、「球隊在這一年沒輸過球」，再界定未來六年必須「在中學及高校階段打進全國大賽，並表現活躍」。這讓他的人生目標看起來更具有可實現性。

5. 時間管理。美國知名的政治家、科學家、發明家富蘭克林（Benjamin Franklin）善用「大事表」進行時間管理，其目的並不是要完成表上所有待辦事項，而是要「將有限的時間資源花在最重要的事情上」。對照一朗的作法，他知道實現夢想是最重要的事，也知道一天要花多少時間練習才能達到「一流職棒選手」的境界，因此「每週和朋友遊玩的時間只有五至六小時」，就是事情重要性排序與時間分配後的結果。

關於學業成績突出的花絮

最後是關於一朗學業成績的花絮。雖然他從小學三年級或四年級就將棒球設定為人生未來的夢想，每天只給自己飯後約一小時的時間來準備課業，但他的學業成績可是相當突出的。下列說法足堪為證：

一朗本人：「小學成績不差，在班上總是三、四名左右。」

一朗小學五、六年級導師鷲尾紅美代：「一朗各學科的平均成績都是滿分」、「作文也很出色」。

愛知工業大學名電高等學校（一朗就讀的高中，下稱「名電高」）棒球隊監督中村豪：「一朗的中學成績除了數學與音樂是四分以外，其他學科都是滿分五分，因此一朗是以學業成績獲得推薦甄試入學，反而不是靠棒球或體育。」

有此一說，一朗的書法字在日本職棒選手中是出了名地漂亮。

8 沉默王牌——投打二刀流的豐山中學時代

你一定聽過鈴木一朗球場內外的諸多傳說，以及關於他打擊技巧與天分的種種綽號。但你能想像他曾經被譽為「數學天才」嗎？賦予他這個綽號的不是別人，正是前羅德海洋隊監督、與日本職棒關係匪淺的瓦倫泰（Bobby Valentine）。

這是發生在瓦倫泰身上、他轉述給ESPN記者的真實故事：「有一次我和一朗在飯店搭同一部電梯，那是一座高樓層電梯，大概三十五層樓吧。他一邊看電梯樓層按鈕右邊的房間號碼，一邊用心算全部加總後說出答案，前後只花了……三秒鐘。我從來沒見識過這種事。」

瓦倫泰認為以一朗對數學的敏銳直覺，有助於他在打擊區或外野守備時判斷來球的角度：「你看他在外野跑動接球，明明低著頭卻能不差毫釐地跑到球的落點輕鬆接殺，這是因為在他的腦海中，已經清楚看到這一整

【神之語錄】

「我從三歲就開始打棒球，而且我一直非常努力。」

——鈴木一朗

座球場了。」

但有趣的是，當記者向一朗求證他的心算能力時，一朗卻拒絕談論這件事。瓦倫泰對此倒不覺得訝異：因為一朗是棒球選手，如果他高談闊論自己的數學能力，可能會讓真正的數學家感到不愉快吧！

職棒選手新標準：不能只是四肢發達卻頭腦簡單

學業、球技俱佳，應該是豐山中學時期一朗的最佳寫照。在投球上，中學一年級的一朗就能投出時速一三〇公里的速球，這在當時連高中投手也不一定做得到；在打擊上，前豐山中學棒球隊顧問回憶說，只要一朗進到打擊區練打，他就開始擔心校內不知哪棟大樓的玻璃又要遭殃了。

中學三年級時，一朗以王牌投手的身分帶領豐山中學進軍在橫濱舉行的全國大賽，球隊一路過關斬將挺進最後四強。準決賽當天球場下起傾盆大雨，內野泥濘不堪，而一朗正是當天的先發投手。面對如此惡劣的氣候與場地，他沒有任何一句抱怨，上場一球接著一球投。這種「沉默王牌」的精神感染了其他隊友，球隊最後拿下全國第三名，這是豐山中學創校以來的第一座全國大賽獎盃。

難能可貴的是，中學時期的一朗始終兼顧學業，因為曾任名電高棒球隊教練的蒼野光生，以他多年來和日本職棒球探交涉的經驗告誡宣之：「你絕對想像不到職棒球探最注意的是高中入學成績單，因為他們認為今後的棒球選手不能只是四肢發達卻頭腦簡單。」

一朗自述念書的方式如下：「到中學為止，考試成績都很不錯，算優秀的吧！我都是抓重點，平時上課即使不怎麼專心聽，只要徹底讀通考試的範圍就沒問題了。」

「三點半之男」，父親最堅定的支持方式

看到這裡你一定想問：一朗的父親宣之到哪裡去了？

在一朗上中學之後，宣之就不用再煩惱每天下午的訓練菜單了，因為豐山中學棒球隊早就排定一整年的課後訓練計畫。但宣之還是繼續當他的「三點半之男」，只是切換成另一種模式。

每天下午三點半離開工廠之後，宣之會去看兒子的課後訓練，他通常站在本壘後方，手插口袋，不發一語地看著一朗與隊友練習。而且只要一朗在球場上，宣之就絕對不會坐下來，因為兒子也不能坐下休息，這是他在精神上給兒子最堅定的支持方式。

學校練習結束後，宣之會開車載兒子回家，晚餐後再帶他到「空港打擊中心」練打兩小時，結束後才回家開始寫學校作業，所以這對父子很少在凌晨兩點前就寢。可是就算再累，宣之都盡可能以按摩一朗的腳，作為一天訓練的終點。

從小學三年級開始直至中學畢業為止，父子倆一對一持之以恒的練習，讓一朗自己都感覺球技突飛猛進。他發現「接傳球時覺得球速變慢了，父親打球給我接時，我也覺得力道變輕

了，所以請他打重一點，打擊練習的勁道也愈來愈強。」

看著中學時期的一朗，什麼是父親宣之心中最大的隱憂？事實上一朗的課業與球技從來都不是問題，但身為球隊的主力投手和當家第四棒，他的體型實在太過單薄了。原因在於一朗超級挑食，他討厭吃蔬菜，最愛吃神戶牛排和生魚片，偏偏神戶牛排和生魚片是日本料理中最昂貴的食材。

為了鼓勵一朗攝取足夠的營養，宣之和兒子約定，只要一朗平常吃得多，又喝適量的牛奶，宣之就會帶他去吃神戶牛排和生魚片大快朵頤，即使所費不貲，也在所不惜。

中學三年，一朗是隊上投、打、守各項數據的領先者，不過這時候還有一個更重要的抉擇在等著他，那就是要進入升學高中？還是專注於棒球？

學校老師評估一朗有考上第一志願東京大學的實力，因此希望他就讀升學高中，宣之也認為「如果能先就讀縣立高校，升大學後再進入職棒，應該會很不錯」。但最後一朗決定：「我想進入一所高校，而他們的棒球隊是具有競爭力的。」「希望以最快的方式（也就是高中畢業後）進入職棒。」

最後一朗選擇了位在名古屋的棒球傳統名校——名電高，至於這段被他稱為「人生所經歷過最痛苦的一段期間」，則是另一段故事了。

9 中村豪——令宣之父子折服的訓練哲學

想像一個畫面：漫畫《灌籃高手》中的流川楓，如果穿上死對頭陵南、甚至海南的球衣，故事會如何演變？

或是這麼說：ＮＢＡ「籃球之神」麥可．喬丹（Michael Jordan）如果難以忍受生涯初期在芝加哥公牛隊的失敗與挫折，選擇在一九八〇年代後期轉隊到洛杉磯湖人隊等其他強權「抱團」，那麼喬丹的人生和一九九〇年代的公牛歷史還會有如此的傳奇性嗎？

令宣之父子折服的中村訓練哲學

在確立「以最快方式（高中畢業後）進入職棒」的目標之後，一朗放棄升學型高中，選擇就讀名電高。許多人

【神之語錄】

「打棒球只是一時的，重點是在棒球生涯結束後，你會成為什麼樣的人。」

——中村豪（名電高棒球隊監督）

「當打線陷入苦戰，如何用守備和跑壘來帶動比賽，是棒球的基本原理。」

「跑壘的成敗繫於一髮之間，最能考驗棒球選手的能力。」

——鈴木一朗

誤以為他也是同樣的「抱團」邏輯：加入高校棒球強權、享受勝利、進軍甲子園、提升全國曝光度。但事實並不是如此。

因為名電高並不是愛知縣當地最強的棒球名校。在當時愛知縣約一百八十所高校球隊當中，中京大學附屬中京高等學校（中京高）、東邦高等學校（東邦高）、享榮高等學校（享榮高）堪稱愛知縣三大高校棒球名門，包括這三所學校在內，再加上大阪的PL學園，甚至岐阜、靜岡等地的棒球名校，都表達網羅一朗的意願。但一朗的潛意識或許存有「打敗強敵，才能證明自己實力」的心態，於是選擇進入名電高，並以打倒其他名校、搶下甲子園出賽資格為目標。

除此之外，一朗選擇名電高的最主要原因是該校棒球隊監督中村豪。在一朗中學二年級那年，當地瓦斯營業所所長水野恭佑偶然在一場練習賽以及「空港打擊中心」見識到一朗的球技，驚為天人之餘，便想找機會介紹給與他熟識的母校棒球隊監督中村認識。終於在一朗中學三年級的夏天，透過水野的牽線，宣之和一朗前往名電高拜訪中村監督，對中村的教學方式、練習計畫、選手宿舍、球場設施、雨天練習場、訓練器材等進行通盤瞭解。父子倆折服於中村的訓練哲學與校方的硬體設施，最後決定就讀名電高。

說到硬體設施，有一說是名電高棒球場擁有與職業棒球隊同等級的多項設施。在一朗正式成為名電高棒球隊五十一名成員之後，依規定全員都必須住宿，而且一整年下來只有一月份可以回家探親。雖然管理嚴格，不過一開始最讓一朗訝異的是宿舍的豪華與練球設施的完備。

名電高棒球隊宿舍是一棟三層樓的鋼筋混凝土建築，外觀常被拿來與時尚飯店相比擬。一樓是超大的廚房和洗衣間，二樓是整排上下舖的寢室，三樓則是榻榻米地板，提供選手夜間重量訓練和空揮使用。

至於棒球場就在宿舍前面，雖然只是地區高中的專屬球場，但中外野有三五〇英尺遠，設備媲美職業棒球隊，而且擁有重量訓練室和室內練習場作為雨天練習使用。訓練課表部分，球隊幾乎每天都從下午三點半練到晚上八點，晚餐時間休息一小時之後，九點再展開打擊特訓，然後每年三月到十二月都會在每週日舉辦比賽。

成為無私的隊友，輸球也要抬頭挺胸

一朗加入棒球隊練習的第一天，中村監督很難相信眼前這個一七〇公分、體重不到五十五公斤的小伙子，竟然擁有眾人傳頌的超凡球技。一朗回憶說：「中村監督見到我的第一句話是：『這個骨瘦如柴的孩子真的能打棒球？』」

不過中村馬上發現他的第一印象錯了。球隊一開始雖然只是輕度的練習，但對一朗這個完美主義者來說，只要站上球場就全力以赴。中村說：「當他全神貫注，彷彿變成另外一個人。**就算只是練習，他也不會慢慢來，他是那種很快就能抓住要點並迅速完成的人。**」

曾經培育出工藤公康、山崎武司等日本職棒球星的中村監督，在教學上以培育人格為第一考量，他不希望只增進選手在棒球上的才能，更要求他們身心全面且均衡地發展；就像一朗的名言「達成夢想與目標的方法只有一個，就是累積微不足道的小事」，正是來自中村最重要的教學理念。中村認為，舉凡適時揮擊、做出正確的傳球決定、盜壘的適當時機、成為無私的隊友、輸球也要抬頭挺胸……他很清楚這些小事是造就偉大球員的關鍵。

「他是我所遇到過最偉大的老師，他教我打棒球，而且遠不止於此。關於人生，他教導我如何走進成人的世界，包括在球隊會議中許多人生課程的機會教育。他會說，打棒球只是一時的，重點是在棒球生涯結束後，你會成為什麼樣的人。而在這些人生課程中，我印象最深刻的是這兩件事：『如何在生活中當個正常人，比起在棒球場上成為固定先發球員還要重要』、『努力超越你的導師』」，一朗說。

恩師眼中「四打數六安打」的巨大才能

二〇一九年三月二十一日，鈴木一朗在東京巨蛋宣布引退後，七十六歲的中村豪接受媒體訪問，回憶這位得意門生：

「高校時期的他很瘋狂，對棒球有非常強烈的想法，從一開始他就說自己不但要打進甲子園，還要成為職棒選手。當年我還真想不到他具有這麼強大的才能。」

「我曾經開玩笑對他說：『你四個打數可以打出六支安打吧』，他聽到也在笑，但他生涯確實打出這麼多支安打。」

「雖然他希望能打到五十歲，但畢竟時候到了，況且他已經盡了最大的努力。」

10 半夜三點洗衣服的地獄高校人生

高中入學之初，名電高棒球隊監督中村豪對鈴木一朗說了意味深長的一句話：「在未來人生中，你不會遇到比現在更嚴苛的考驗了。」而在一朗展開住宿生活之後，他才真正理解這句話的意思。

半夜洗衣服、罰跪垃圾桶的地獄高校生活

在日本，高校野球早從明治時代就開始蓬勃發展了。對比一九三六年日本職棒聯盟成立當時，高校野球就已經有至少五十年的歷史。而在這段過程中，隨著第一高等學校（一高）設立野球部（棒球社團）及興建新球場，加速棒球運動在校園的推播；再到學生自治宿舍開放，棒球隊選手入住後大幅縮短通勤時間，間接促成球隊練習與比賽的加速推展。

【神之語錄】

「人生中沒有發生任何事，也沒有吃過任何苦，那就是不幸的人，因為這樣的人，根本無法品嘗到克服困難後的喜悅。」

——鈴木一朗

時至今日，當我們看到甲子園球場上那些剃平頭、猶如新訓士兵的高校棒球選手們，開幕時用類似踢正步的方式進場，比賽中以頭部撲壘只為爭取上壘機會，賽後勝隊高唱校歌，敗隊含淚挖土……這種忠於（對棒球的）熱情、為（學校的）名譽付出一切的武士道精神，其實就是來自高校野球部的日常訓練以及選手住宿的團體生活過程中，對於選手精神修練的一點一滴累積。

何謂「精神修練」？「學長學弟制」就是一個很好的例子。這個在日本社會非常普遍的非正規管理體制，對於高校野球更是根深蒂固。在名電高野球部，高一新生基本上就是為服侍學長而存在的，只有正選的十七名選手——幾乎以高年級為主——可以每天練球，剩下的主要是包括一朗在內的低年級生，只能做些整理場地和撿球之類的雜事。這種精神修練，其目的在於「人格培養」，養成低年級生謙遜的個性，先學習如何尊敬與服從學長，才能獲得上場的權利。

宿舍生活也是如此。低年級生的重要工作之一是洗衣服，當然包括學長的衣服在內。每天練習結束後，從吃晚飯、洗澡到十一點熄燈為止是自由活動的時間，高一、高二學生必須利用這段時間洗衣服，但洗衣機和乾衣機數量卻非常有限。對一朗來說，這段時間是他每天唯一可以自主訓練的時候，如果排隊等，那麼自由活動的時間就浪費掉了，況且他也不想和同學爭著用；他曾經想過早上早起，但如果遇到其他同樣早起的同學，還是得排隊。

最後一朗決定利用吃完晚飯到就寢前這段時間到網球場揮棒，或是在田徑場跑步（因為室內練習場多半是學長在使用），然後半夜三點起床，趁別人還在睡覺時洗衣服、烘衣服。回憶高中住宿生活，一朗說自己「直到升上三年級為止的整整兩年，都沒辦法好好睡覺」，但他倒不覺得有什麼特別，因為「比起不能練習，這種生活輕鬆多了」。

而且這還只是地獄高中生活的一部分，低年級生若是犯錯（例如煮飯時洗米的方式不對）或頂撞學長，這種懲罰才真正可怕。一朗曾經因為偷買冰淇淋被學長看到，而被罰跪在垃圾桶上。這是高約五十公分、鐵製的圓柱狀垃圾桶，受罰者必須用「正座」的姿勢（從膝蓋到腳尖緊貼在榻榻米上，臀部坐在腳跟上，背部挺直）跪坐在垃圾桶上面，久了就會因為全身重量壓迫小腿和腳跟而痠痛到不行。

面對嚴苛而不合理的「學長學弟制」，一朗難道沒有任何質疑或反抗嗎？他說：「我那時很拚命，以棒球為最重要的目標，實際上也沒有時間去質疑其他的事，咬咬牙就忍過去了。而且當時心裡也期待，若是自己能熬過高中野球部這兩年半，在人格和球技上會有什麼樣的成長。我還曾經想過，經過這樣嚴苛的磨練和團體生活，如果還是沒有職業球隊願意網羅，那也只好死心了。」

身體流的是日本武士的熱血

這種堪比新兵訓練營的高中棒球生涯，相較於美國高中生開車上下學、練完球去約會，簡直是地獄與天堂的差別，後來一朗將這段高中生涯稱為「人生所經歷過最痛苦的一段期間」。

但可別以為一朗立志到大聯盟打球是基於對日本傳統的反抗與排斥，事實上一朗身體裡流的還是日本武士的熱血。比一朗小一歲的大聯盟日籍強打松井秀喜曾經說過一個關於他與一朗之間的小故事。

就讀星稜高校的松井，高中二年級曾經隨隊遠征名電高。身為客隊，賽後松井先到浴室淋浴，等三年級的一朗進到浴室發現小他一屆的松井搶先一步時，他認為松井失禮了。

過了十幾年，兩人都已經站上大聯盟之後，有一次錄同一個電視節目，一朗還認真問松井：「為什麼你可以先洗澡？」

能讓一朗十幾年來一直耿耿於懷，可見他對「學長」的身分有多麼自重了。

11 一場車禍，戛然而止的投手夢

紐約洋基隊時期的鈴木一朗曾經說過，高中是投打二刀流的他，夢想之一就是登上大聯盟投手丘投球。而在二〇一五年十月四日，馬林魚教練團協助一朗完成夢想。

這是馬林魚當年例行賽的關門戰，對手是費城人。第八局下半球隊以二：六落後，教練團出其不意推出一朗登板中繼，他也成為馬林魚二〇一五年球季的最後一位投手。

總計一朗中繼一局投了十八球，有十一球是好球，面對五名打者被打出兩支二壘安打失一分，防禦率9.00，最快球速八十八英里（141.6公里）。或許是人生夢想實現，平常面對媒體拘謹嚴肅的他，突然間風趣幽默了起來：

「傻眼！我以為今天最快球速會到九十英里（一四五公里）的說，真

【神之語錄】

「人生有夢，我要讓夢想付諸實現。」

——鈴木一朗

是令人失望。」

「投球當下我就在想，以前放棄當投手果然是對的。」

「我相信大多數野手都會討論投手的投球，為什麼他們要這樣投或那樣投。但經過這場比賽之後，我以後不會再說投手的壞話了。」（笑）

這次登板投球後來成為一朗大聯盟生涯十九年來的唯一一次，不過在日本職棒卻不是第一次。一九九六年明星賽第一戰，一朗擊出首局首打席首球全壘打；第二戰第九局上半兩出局，太平洋聯盟明星隊以七：三領先中央聯盟明星隊，此時太平洋聯盟明星隊監督仰木彬突然將一朗推上投手丘，打擊區內的中央聯盟明星隊主砲松井秀喜一臉錯愕看向休息區，隨即搖頭苦笑。

一朗練投的第一球就是時速一四五公里的速球，觀眾席爆出如雷的掌聲與歡呼聲。或許是為了維護松井的尊嚴，不讓他成為這場秀的配角，中央聯盟明星隊監督野村克也與松井短暫討論後，隨即將他換下場，改派投手高津臣吾上場代打，最後一朗讓高津打成游擊滾地球出局。

團隊練習結束後的練習，才是真正的練習

從小學參加棒球隊一直到高中，一朗從來沒放棄成為投手的夢想。雖然高中時期他的投球並沒有如同打擊一般獲得職棒球探的青睞，但他一直很清楚該如何加強自己。

一朗曾說：「我認為團隊練習結束後的練習，才是真正的練習」，這種想法雖然被中村監

督點評「對球隊練習不算積極，經常為自己而練習」，但這或許是父親宣之長期訓練他獨立思考的慣性使然。

投球就是一個最好的例子。為了強化自己腰力與腿力，一朗每天跑步十二公里；此外，中日本的冬天過於寒冷，無法從事戶外練習，於是他專注在室內訓練背筋力（背部、腰部和臀部等肌肉群在瞬間的最大肌力），一個冬天下來從一四〇公斤突飛猛進到二二〇公斤。一朗高中時的投球極速有一五〇公里（約九十三英里），就算拿來跟當時的日本職棒投手相比，也已經是水準以上了。

題外話，一朗人生中唯一一次想放棄棒球是在高中一年級，名電高與長野縣棒球名門松商學園高等學校舉行年度練習賽，擔任先發投手的一朗被亂棒KO，據說他因此落淚，再加上無法適應高壓的學長學弟制與宿舍團體生活，他一度向父親宣之表達「放棄棒球」的想法。試想這個一年級時曾經為了投球表現不理想而懷憂喪志的小菜鳥，升上二年級之後卻成為同期四名投手中第一個站上甲子園投手丘的投手，一朗的自主練習確實帶來立竿見影的效果。

只是在投球逐漸嶄露頭角之際，一場意外卻徹底摧毀了一朗的投手夢。

一場車禍摧毀投手夢，改以打擊決勝負

高中二年級的春天，一朗騎自行車要去買東西時（一說是在上學途中），一輛汽車從前面巷口猛然衝出來，將他撞倒在地。一開始因為沒有強烈的疼痛感，一朗還起身騎車離開，沒多

久右小腿嚴重腫脹疼痛，醫生診斷發現肌肉嚴重拉傷，接下來一個半月都拄著柺杖上學。

受傷後一朗改守一壘，藉以減輕傳球的負擔，但投球姿勢完全走樣：「從一壘傳球到二壘或三壘的動作與投球完全不同，所以在改守一壘、習慣內野手的傳球動作，後來再當投手投球時，手腕的軌跡完全不對，每次握球準備投球時還會打到自己的頭……那時才知道姿勢的重要性。」

過去豐山中學棒球隊監督橋本也回憶說：「有一次，一朗突然打電話給我：『老師，我的投球姿勢忘記了，能不能教我……』。」

在投球機制走樣、球速慢了將近十公里之下，一朗在高中二年級的甲子園夏季大賽不再擔任投手，轉任外野手，他也覺悟自己只能靠打擊能力進職棒了。

禍兮福之所倚，福兮禍之所伏

老子曰：「禍兮福之所倚，福兮禍之所伏」，意指禍與福常相因而至，即便是壞事也可能招致好的結果。一朗也是如此，如果沒有高中二年級那場車禍，「投打二刀流」繼續發展的結果，最後「投手鈴木」會不會改變「打者一朗」的歷史？誰也說不準。

但有趣的是，在一朗成名之後，奧克蘭運動家隊球探基奧（Matt Keough）卻意外爆料他高中時的投球天分。原來基奧在一九八七～九〇年效力日本職棒阪神虎隊，他曾經在甲子園看過一朗投球。

「他的速球球速介於一五〇～一六〇公里之間，大約九十英里中段。投球時會有一個停頓的動作，展現過人的平衡感。」

「他原本可以成為職棒投手的，那場比賽他做了件讓我前所未見的事。對方打者將球打進內野，球碰到一壘手手套後往二壘手方向反彈，而他從投手丘到一壘補位的動作是我有生以來看過最快的。」

「投手到一壘補位的動作，我看過成千上萬次了，但這是我看過最棒的。」

最後基奧下了一個結論：「他沒有大谷翔平那種高大的體型，但他完全可以做到同樣的事。」

專注打擊，對一朗是禍是福？這個問題永遠沒有標準答案。

12 繼續力——終身修行野球的苦行僧

高中前的鈴木一朗遇到兩位偉大的導師，一是父親宣之，另一則是名電高棒球隊監督中村豪。若仔細觀察，我們會發現宣之與中村之間存在不少共通的理念：

1. 不只教棒球，更重視人格教育。
2. 認為成功是來自許多微不足道小事的累積。
3. 讓選手適性發展。一朗的打擊機制受到田尾安志、篠塚和典等日職球星與高爾夫名將岡本綾子的影響很大，投球則是模仿小松辰雄。宣之不但鼓勵一朗從模仿中找到問題的解答，發掘自己的特色，父子倆還會在打擊練習場一起討論及揣摩；中村也有類似想法，他認為一朗的抬腿動作與瘦削身材，反而是他的競爭優勢。

【神之語錄】

「放棄很容易，但這些事應該堅持下去。」
——鈴木一朗

為了確保中村能貫徹上述理念，宣之向中村請託兩件事：

1. 你可以要求我兒子做任何訓練，但拜託不要改變他的打擊姿勢，這可是他苦練很久才找到最完美的打擊姿勢。
2. 不論一朗表現有多好，都請不要讚美他，因為我們必須鍛鍊他保持堅強的意志。

名電高場邊的神祕身影，「チチロー」綽號誕生

每天下午名電高的練球時間，內野觀眾席第一排總會出現一個站在護網後方的身影，不用說你也知道是誰。三年來不管酷寒或下雪，宣之很少缺席。

雖然多數時候宣之是現場唯一的家長，但他謹守分際，從不在練習時將兒子叫到場邊，也不會主動找中村監督溝通（雖然中村後來承認，他一開始誤以為這個每天出現在場邊的神祕身影，是校方安排要來取代他職務的人）。

此外宣之還有一項堅持，只要兒子還在場上練球，他就絕不坐下來，也絕不吃喝。對於練球中的一朗來說，任何他不能做的事情，宣之也不做，這是宣之精神支持兒子的方式。

宣之後來曾說：「有幾次我冷到心臟都快停了，但我還是撐住，因為我要讓兒子知道，萬一他需要我的時候，我人就在那裡。」「我會一邊做筆記，當然我也必須承認，看他打球是一件非常有趣的事。」

宣之還有另一個習慣：他在離開前會向球場鞠躬，表達自己的尊敬。

除了練球之外，宣之幾乎參與一朗高中三年的每一場比賽，不管主場或客場皆然，他會盡可能提早幾個小時到場，從賽前熱身開始看起。他甚至瘋狂到帶著一朗到處做情蒐，也就是從賽程表鎖定名電高下一場比賽的對手，然後預先去看這個對手的其他比賽。

由於宣之實在太瘋狂了，一朗的隊友經常質疑宣之到底有沒有上班。他們甚至幫宣之取了個綽號叫做「チチローー」（Chichiro），這是將「ちち」（chichi，日文的父親）與「イチローー」（Ichiro）混合後的自創名詞，姑且翻譯作「一朗爸」吧！而且這不全然是恭維，其實帶有不少諷刺意味在內。

「絕緣狀態」：把父親留在自己的回憶裡

曾經被形容為「附近有名的棒球痴父子檔」，宣之何嘗感受不到鄰居的訕笑與鄙視？但這正是宣之要教授一朗最重要的一件事：棒球不只是技術，而是「繼續力」。

「繼續力」是日文用語，意思是「堅持到底、持之以恆的能力」。對一個小學三年級的孩子來說，熱愛棒球並不難，下午放學後練球也不難，真正難的是一年練習三百六十天，而且持續七年，這才是「繼續力」。

宣之用自己的人生為一朗做了最完美的示範：從下午三點半蹺班，直至深夜按摩一朗到入睡，宣之從不缺席與一朗一起練球的約定；即便一朗高中住校，宣之依舊每天到場觀看練球及每一場比賽，只要一朗在場上，他絕不坐下休息或飲食。一朗用「繼續力」造就自己偉大的棒球生涯，這段過程中唯一比他更堅持的，就是宣之。

很難想像這對父子竟然走上決裂，日本媒體將兩人的關係形容為「絕緣狀態」。二〇一八年三月ESPN以一朗為專題的採訪報導提到，他已經很久沒和父親說話了，文中還提到一朗在二〇一七年球季結束後回家鄉主持一項儀式，他只邀請母親參加，卻將父親宣之留在老家，也留在自己的回憶裡。

有此一說，父子關係惡化最早源自一朗高中時期。每天下午四點球隊開始練習後，宣之就坐在護網後觀看；一朗進到牛棚練投，他也踱到牛棚附近；晚餐時間就在車上等候，晚餐後的自主訓練再繼續觀看到十點才離開；雖然宣之不干預監督的指導，但有時仍會忍不住向一朗打手勢；如果宣之連續幾天沒有到場，就連隊友都擔心一朗的父親是不是生病或發生事故。

據說一朗在中學時就曾經告訴父親「別來了，這樣讓我很尷尬」，但是看到父親悲傷的眼神，只得作罷。只是高中這年紀離家住校的一朗，他能接受父親這種緊迫盯人的方式嗎？答案可想而知。

過去二十年來，日本媒體對於宣之與一朗父子「絕緣」的原因多所臆測，但不外乎下列幾點：

1. 宣之不太認同一朗與年長七歲的弓子結婚。
2. 二〇〇〇年，一朗結婚的次年，宣之在家鄉豐山町興建豪宅，想與兒子共同居住，這個願望非但沒有實現，反而因為宣之鉅細靡遺又固執的個性，讓弓子只住幾個月就搬出去了。

3. 宣之滿心期待一朗能移籍中日龍隊，一來這是他長久支持的球隊，二來一朗若回家鄉打球，才能遂行父子同住的心願。結果一朗卻選擇挑戰大聯盟，因此宣之一開始是強烈反對的。

4. 一朗的財務原本是由宣之管理，但二〇〇三年名古屋國稅局查獲他收入短報九千萬日圓，這件事被一朗視為奇恥大辱。

5. 一朗希望父親低調沉默，不要利用他的名號到處曝光，結果宣之反其道而行。一九九五年宣之出書《我的兒子一朗》（息子イチロー）聲名大噪，球季開打後經常可以看到他坐在神戶綠地球場內野觀眾席被球迷團團包圍要求簽名，或接受大批媒體記者採訪，這種高調的舉動讓一朗深感困窘。

6. 宣之打著一朗的名號開發商品，例如他將一朗小時候吃的咖哩上市販售，名稱就叫做「鈴木家的一朗爸咖哩」（鈴木家のチチローカレー），一朗對此深感困擾。

從一朗三歲開始一路走來，我想我們都很清楚，沒有鈴木宣之，就沒有後來日本職棒的「イチロー」、大聯盟的「Ichiro Suzuki」。宣之帶給兒子的不只是「巨人之星」訓練，更是物資的全力支援、思想教育的養成，以及無可取代的「繼續力」。

二〇二〇年十一月二十六日，一朗在神戶的日本新聞大會發表演說，截至當時已退休超過一年半，但他還是每天練習，包括夏天在晚餐過後到東京皇居附近跑步，直至深夜十一點半。而且四十七歲的他球速甚至比以前更快：

「我還是有在練投手……47歲這一年速球不小心變快了，接過我投球的朋友笑說速球質都變重了。」

「現在專心一意的訓練，其實比球員時代還辛苦，但我很想知道，透過訓練後自己會變怎樣。」

「要說研究是稍微誇大了，但我想實驗看看自己的身體。」

「放棄很容易，但這些事應該堅持下去。」

棒球之於一朗，已經超越所謂的「職人精神」，他是終身修行野球的苦行僧。只是他身邊少了一個人——鈴木宣之，一個沒有徒弟的師父、沒有學生的老師。

在家鄉，那家一朗從小就和宣之一起去的壽司店，如今兩個人都還是會去光顧，只是各去各的，就連老闆也為此感到難過。宣之和一朗這對父子就像活在同一個時空的平行線，一朗認為宣之不懂他，但或許他也無法體會父親的心境吧！

走過一朗高中以前的棒球人生，再看到近年來宣之接受媒體專訪提到一朗時涕泗縱橫的模樣，總有許多心酸與不捨。

13 愛知之星——以「縣內預賽打擊率十成」為目標

「愛知之星」是漫畫《灌籃高手》中，愛和學院高三球星諸星大的封號。這部由日本漫畫家井上雄彥創作、以高中籃球為題材的漫畫，一九九〇~九六年在集英社《週刊少年Jump》連載，與鈴木一朗一九九〇年第一次進軍甲子園、九六年「日本一」制霸，幾乎是完全重疊的巧合。

同樣出身愛知縣、高校三年級的一朗，就是棒球場上的「愛知之星」。

長青球星的「原始人鍛鍊法」

幾年前國外時興的「原始人健身法」，以輪胎、麻繩、鐵槌取代一般健身器材，模仿原始人以爬行、快跑、跳躍、槌擊、砍劈等基本動作

【神之語錄】

「我從高中時代就沒有揮棒落空被三振的經驗，如果有，那一定是壞球但被主審判定好球。」

——鈴木一朗

鍛鍊體格。二〇一六年球季結束後，媒體報導「怪力男」史坦頓以長柄大鐵鎚敲擊輪胎，便是一例。

有趣的是，大聯盟近代兩名長青球星：四十五歲依舊在大聯盟投球的柯隆（Bartolo Colon），以及退休當時同樣四十五歲的一朗，兩人年輕時就是「原始人健身法」的實踐者，只是環境大不同。

柯隆出生在多明尼加埃爾科佩鎮（El Copey），一個人口只有兩萬多人的農業鄉鎮。由於家境不富裕，父親以咖啡豆加工維生，因此柯隆在最天然、最原始的環境下鍛鍊體能：從小爬樹採果子，鍛鍊出兩腿強壯的肌力；挑揀咖啡豆、轉動脫殼機的攪拌棒，練就靈活的腕力。就如他父親所言：「他從小就非常強壯，能在一天之內將一千箱咖啡豆送進脫殼機。」

投球方面，身為球速九十五英里以上的強力投手，柯隆卻有極為優異的控球能力，天使時期的總教練梅登（Joe Maddon）稱讚他「隨時都可以投好球，而且能將球投到好球帶的任何角落」，而這種投球準度，其實是柯隆從小用石頭扔擲樹上的椰子和芒果苦練出來的。至於他一個多明尼加鄉下小孩上到大聯盟的毅力，他開玩笑說，這是從他養的驢子龐丘（Pancho）身上學來的。

對柯隆來說，原始人鍛鍊法是環境使然，反觀一朗則是高中時期刻意用來鍛鍊肌耐力與爆發力，他的作法是丟擲輪胎，以及用沉重的鏟子擊球。據說一朗過人的腕力與臂力，就是從那時候開始鍛鍊而成的。

以「縣內預賽打擊率十成」為目標

由於一朗擁有銳利的選球眼、驚人的反射神經和幽靈般我行我素的個性，名電高隊友為他取了個綽號叫「外星人」。

小學三年級到中學的七年期間，一朗在空港打擊中心「即使浪費金錢也不打壞球」、「父親站在護網後判斷好壞球，一打壞球就被斥罵」所練就的選球眼，上高中之後大放異彩。一朗高校三年級只被三振三次，他說：「高校野球的好球帶很大，若是被三振，一定是自己認定壞球、但主審判定好球的狀況。我記得自己從來沒有揮棒落空被三振過。」

總計一朗高校三年打擊成績如下：出賽一五一場，五三六個打數打出二六九支安打，打擊率五成〇一，包括十九支全壘打，還有一三一次盜壘成功。監督中村豪回憶一朗剛進棒球社時就對自己的打擊很有自信，一朗曾說：「只要我把球打到中外野，就一定是安打！」而且他很少陷入打擊低潮，中村監督說：「無論什麼時候，他每一場比賽至少能打出一支安打，甚至有兩次締造過連續十五個打席安打的紀錄。」

高校三年通算打擊率五成以上已經難能可貴了，但一朗在三年級最後一個夏天來臨前為自己定了一個更狂的目標：他要在愛知縣內預賽打擊率十成，全部打數都是安打，完全不出局！

當時一朗的考量有二：

1. 想憑自己的能力拚進甲子園。雖說高校三年兩度進軍甲子園大賽，但二年級夏天敗給當屆冠軍天理高校，三年級春天則輸給當屆亞軍松商學園，兩次都在第一戰就被淘汰。高三晉升為球隊的副隊長後，一朗說：「二年級夏天那一次，感覺上是跟學長一起去甲子園，所以三年級時為了靠自己的力量去，很拚命。」

2. 為了職棒選秀而奮戰。「最後那年夏天，我把注意力完全放在職棒球探上，我認為從縣內預賽開始就很重要。與其說是為了去甲子園，我的目標是從縣內預賽開始就得到球探的認同。所以我定下目標，準決賽前打擊率要達到一〇〇%。」一朗說。

結果呢？一朗在準決賽前每場比賽只出局一次，七場比賽累計二十五個打數十八支安打！雖然最後在決賽以〇：七輸給東邦高校（一朗三個打數無安打），沒能取得甲子園參賽權，賽後全隊哭成一團，但一朗是唯一沒哭的，因為他真的盡力了，而且對他來說，這只是人生的一個短暫過程罷了。

幽靈般我行我素的個性

最後是一個花絮：為什麼名電高隊友形容一朗是「幽靈般我行我素的個性」？從下面這件小事可以看得出來。高中住校的一朗，有好幾次在未告知其他人的情況下突然離開宿舍，正當所有人遍尋不著之際，他卻若無其事地出現了。問一朗去了哪裡？他的答案令人傻眼：「名古屋球場有二軍的比賽，我去看藤王康晴打擊。」

就如一朗高中最要好的隊友高田廣秀所言，當時大家最崇拜的是全壘打打者如門田博光、巴斯（Randy Bass），可是一朗反而熱中模仿同樣出身愛知縣的藤王康晴（出身愛知縣一宮市，享榮高校畢業後效力過中日和日本火腿），或前中日明星打者田尾安志。

但一朗有一個習慣是從來沒有改變過的：當他和隊友一起收看職棒轉播，看到自己崇拜的打者上場打擊時，他會馬上起身，順手拿起球棒模仿打擊。高田廣秀就說：「除了私底下練習的時間、分量比我們多出好多好多之外，一朗花在鑽研棒球技術的精神，我們更是望塵莫及。」

當年父親宣之鼓勵一朗模仿電視轉播中日本職棒明星的打擊姿勢，不僅讓年幼的他從模仿中找到答案，更對他的棒球人生產生根深蒂固的影響。

14 二軍明星賽MVP！父親指示全壘打

一九九四年八月十九日，歐力士主場觀眾人數破百萬的這場比賽，球隊在第九局領先四分之下被西武隊逆轉。比賽結束後鈴木一朗並沒有如往常一般在場邊休息區整理球具、清除球鞋釘片上的泥土，反而拎著球棒直接走進休息室。

知情的教練米村理說，一朗去室內打擊練習場練打去了。但比賽不是剛打完嗎？米村解釋說：「他是那種如果對自己不滿意，就非要做到滿意為止的人。」

好強不服輸，這就是一朗的個性。從小和哥哥一泰打架，雖然明知打不過大五歲的哥哥，但一朗從不輕易認輸。他說：「我很好強，不管吵架什麼的都一定要贏。儘管從一開始就知道，年齡有五歲之差是絕對贏不了的，但兄弟間還是每天吵架。」

【神之語錄】

「沒有做好充分的準備，就沒有資格談論自己的目標。」
——鈴木一朗

「我不想輸給同年紀但選秀順位排在我前面的選手」

一朗不服輸的個性在他加入職棒第一年就強勢展現。高中畢業的他為自己設定的目標雖然是「三年內打出成績」，但從集訓一開始他就鎖定假想敵了。

在一九九一年日本職棒選秀會入選歐力士隊的同梯選手中，第一指名的田口壯是大學畢業，第三指名的本東洋則是出身社會人球隊，成熟度較高的兩人都被評估可以跳過二軍，開季直接從一軍出發。所以一朗很自然地鎖定選秀順位在他之前（第二指名）、同樣高中畢業的萩原淳：「我不想輸給同年紀但選秀順位在我前面的選手！」

這種競爭意識讓一朗在集訓時的自主訓練份量超過萩原甚多。此外，菜鳥在每次練習結束後都必須收拾、整理球具及器材，二軍打擊教練河村健一郎回憶說：「每次訓練完，最認真、最積極收拾球具的就是一朗。但他不是為了要去玩或趁早休息，而是想爭取自由時間，那怕三、五分鐘也好，再多做自己想做的訓練。」

這樣的付出很快就得到回報，一九九二年七月十一日，平和台球場的歐力士對大榮之戰，一朗首次登上日本職棒一軍舞台，回想選秀會、高校畢業好像才剛發生不久，一整個不可思議。當球隊行政人員打電話到二軍宿舍通知一朗「明天到一軍報到」時，一朗還傻傻回應「不會太快了點嗎？我還是待在二軍好了。」

在得知即將初登場的前一天晚上，一朗在客場下榻的福岡三井飯店打長途電話給兩個人，一是父親宣之，另一則是名電高棒球隊監督中村豪。宣之免不了耳提面命一番：「不必勉強自己要有突出的表現，照平常的自然狀態打擊就好。」至於中村監督不在家，反而是中村的女兒開口跟他要博多名產（笑）。

二軍明星賽的「父親指示全壘打」

十五歲那年，空港打擊中心經理和宣之將一朗專用的發球機改裝強力彈簧，並將本壘板往前推移兩公尺，模擬時速一五〇公里的速球，為的不就是一朗在一軍初登場的這一天？

不過相較於菜鳥選手普遍想一戰成名的心態，一朗的想法審慎許多：「一軍不是像我這種十八歲小鬼隨便說打就打的世界，得失心太重反而會迷失自我。所以只要第二次上場能有所表現，我就心滿意足了。」

由此不難想見一朗相較於同年齡選手的成熟度。後來確實也如他所想，他在一軍的生涯首打席是二壘滾地球出局，投手是大榮的本原正治。隔天（七月十二日）比賽對手同樣是大榮，一朗從投手木村惠二手中打出日本職棒生涯首安，而這僅僅是他生涯的第三個打席。

總結一九九二年一朗在歐力士一軍四十場出賽，九十五個打數擊出二十四支安打，沒有全壘打，打擊率二成五三。雖然差強人意，但一朗卻如釋重負：「我原本以為自己還沒辦法應付一軍水準的投手所投的球，但結果是打得到的，所以覺得第二年應該不會有問題。」

在打出職棒生涯首安的五天之後，一九九二年七月十七日，一朗與田口壯等隊友聯袂參加在東京巨蛋的二軍明星賽。他在當年度以三成六六的高打擊率拿下二軍西區聯盟打擊王，成為繼高木守道（原中日）之後第一位拿下二軍打擊王的高中畢業新人；此外一朗還在二軍明星賽獲選為MVP。

這場明星賽有一個鮮為人知的花絮：前七局打完，東區和西區明星隊戰成二：二平手。一朗在八局上場代替中村紀洋打擊，原本他打算將球反方向推打到左半邊，但當他向觀眾席上父親宣之的方向看過去時，宣之打手勢要他將球往右邊拉打。

一朗照做了，他大棒一揮，將東區明星隊投手有働克也的第二球打到右外野看台上，全壘打！

二軍打擊王、明星賽MVP，更難得的是隔年（一九九三）一朗在二軍的打擊率更高達三成七一，還在四月二十五日至八月七日期間締造連續三十場比賽安打的二軍新紀錄。你一定會想，這樣的選手早該在一軍固定出賽，或至少引起一軍教練團的興趣了吧？事實不然，一軍高層的態度反而異常冷漠。

為什麼？這就是一朗「忤逆」監督土井正三的下場，也掀起一場長達兩年的戰爭。

15 就算一輩子待在二軍，但這就是我的打法

這是鈴木一朗說的話，是他在加盟日本職棒歐力士隊初期，與監督土井正三之間的戰爭。延續中學前以嚴父為主軸的孩提時代，以及為甲子園及職棒選秀會拚搏的高校時代，如今時序來到一九九一年十一月，一朗在日本職棒選秀會被歐力士隊以第四指名選上之後。

學徒制：經歷挫折與磨練，才能完全激發潛能

土井正三何許人也？他是一九九一～九三年歐力士隊的監督，球員時代為讀賣巨人V9時期的當家二壘手，曾是王貞治、長島茂雄的隊友，也是對「學徒制」堅信不移的執行者。

什麼是「學徒制」？傳統「學徒制」已經有數千年的歷史，在正式學校教育興起之前，一位新手要習得一技之長，必須跟著師傅學習，從

【神之語錄】

「我從中學開始就這樣打球了，這就是我的打法，就算一輩子待在二軍，也不能改變我。」

——鈴木一朗

做中學，由師傅傳授實務經驗，新手經過多年的揣摩與耳濡目染，按部就班習得特定的知識和技能。也由於師傅扮演「知識和技能的權威者和傳遞者」的角色，因此「學徒」對於師傅的教導和要求是無條件的接受，不敢有任何違逆與反抗。

「學徒制」應用在職棒球團上，意味著新人必須承受相當程度的考驗與磨練，而且太早成功是不被允許的。為什麼？土井監督總是以前巨人隊友王貞治為例，他認為王貞治就是因為職棒前幾年的不順遂，造就他堅毅的性格，也才有後來偉大的職業生涯。所以一朗即便菜鳥年（一九九二）在二軍的打擊率高達三成六六，同年升上一軍也有打擊率二成五三的及格成績，但隔年（一九九三）還是早早就被土井監督丟回二軍磨練。

這就是前面提到「學徒制」根深蒂固的觀念。土井後來解釋說：「一朗一開始衝得太快、跑得太遠，他在成長過程中沒有遭逢任何問題，但棒球選手就是要經歷挫折與磨練，才能完全激發他的潛能。」

顯然土井監督想讓自己成為一朗的「挫折」與「磨練」吧！藉由他的阻攔，讓一朗在二軍累積更多比賽的經驗。但事實上，「學徒制」不一定適用在每個人身上。

就拿土井V9時期的另一名隊友、「巨人先生」長島茂雄來說，從立教大學到讀賣巨人，長島一直是日本家喻戶曉的球星，他創下日本六大學聯盟的全壘打紀錄，加入職棒首年（一九五八）就拿下新人王、全壘打王、打點王，夠順遂了吧！但你知道嗎？長島在一九五八年四月五日的職棒初登場，就遭到金田正一連四打席三振；有多少次打擊槓龜的夜晚，長島一個人拎著球棒練打到半夜。

就算是小時了了的天才也有遇到挫折的時候，只是許多挫折不為人知，而且每個人都有不同的應對方式。一個高中畢業的第四指名打者，在二軍要歷練多少打席才算足夠？這個答案見仁見智，但絕對因人而異，不是單純「學徒制」就可以一體適用的。

而且說到因人而異，土井監督對一朗還有另一個更深層的疑慮，那就是「鐘擺打法」。

「你不可能用這個打法打一輩子。」土井試圖指導一朗回到正規的打擊機制，並縮短握棒。

「這就是我的打法，就算一輩子待在二軍也不能改變我」

二軍打擊王、明星賽MVP，有這樣的成績背書，一朗一九九三年開季從一軍出發，不過僅僅十二個打席就被丟回二軍。原因有二：

1. 一朗曾經這麼形容土井監督的帶兵風格：「有時上場對戰的投手是從來沒有遭遇過的，當然不清楚對方的弱點為何。可是土井正三監督才不管這些，只要沒有表現就馬上換人，絕不多給你一次機會。」、「一場比賽三個打數無安打，下一場比賽就不給我上場，實在太吃驚了。」、「第二個打席是中右外野方向的二壘安打，只因下一個打席是三壘滾地球出局，就說我太年輕，難以看出成果，從那場比賽之後就再也沒有先發過。」、「才打了十二個打席就被降到二軍，我說什麼也無法認同，一個只有十九歲的打者對上伊良部秀輝的速球，能立刻有效果嗎？」不難想像，這是監督的戰績壓力，以及對年輕選手的不信任感使然。

2. 土井監督將一朗打不好的原因歸咎於他那「旁門左道」的打擊機制。土井監督曾經告訴二軍打擊教練河村健一郎：「他那種打法只能在二軍發揮，在一軍根本不管用。」

其實一朗並不是沒有聽從一軍教練團的建議，早在一九九二年秋訓營他就試行過這個在他口中「跟自己想法完全相反的打法」。當時他抱著一絲希望，萬一不行，至少可以在明年春訓前改回來，結果事實證明完全失敗。

隔年一朗在一、二軍之間三次升降，最後一次降至二軍前，一軍打擊教練問他：「這是你最後的機會，如果你聽我的話，我就教你。如果不聽，你就靠自己吧！」

一朗很果斷地回答：「我不聽！」，結果第二天就回二軍報到了。

總計一九九三年球季，一朗在一軍出賽四十三場的打擊率只有一成八八，唯一的亮點是從如日中天的「龍捲風」野茂英雄手中打出一軍生涯首轟，不過從比賽影片中不難發現，當時一朗的打擊準備姿勢、揮棒時前腳的擺動、重心的移轉，與後來球迷熟悉的「鐘擺打法」確實大不相同。所以在努力嘗試過後，一朗很清楚，即便聽從一軍教練團的指導才有機會上一軍，但這不是他要的打擊方式。後來一朗就直接表達自己的想法：「我從中學開始就這樣打球了，這就是我的打法，就算必須因此而一輩子待在二軍，也不能改變我。」

16 比鈴木一朗更堅持鐘擺打法的男人

問一個問題：如果要選一個鈴木一朗棒球成長歷程中最重要的人，沒有他就沒有現在的一朗，你會選誰？

多數人會選鈴木宣之，也有人會選仰木彬。沒錯，「嚴父」與「恩師」，都是標準答案。但如果還有第三個人呢？

我會選河村健一郎，一朗在歐力士二軍時代的打擊教練。

河村健一郎何許人也？他是一九七〇年代效力阪急隊（歐力士前身）的捕手、一壘手，日職生涯十一年留下二成六七打擊率、四十九支全壘打、一九〇分打點的成績，引退後歷任阪急、歐力士、巨人、中日、橫濱、阪神等隊一軍或二軍教練。在一朗的傳記或文章中經常可以看到這個名字但著墨不多，一直到二〇〇三年十月，河村才在《西雅圖時報》（*The Seattle Times*）遠赴神戶的專訪中，對這段歷程做了深刻的描述。

【神之語錄】

「只要相信自己，就算和別人不一樣也是可以的。」

——鈴木一朗

「鐘擺打法」的守護者

在那次專訪中被問到自己當年如何捍衛一朗的獨特打法時，河村依舊激動，他用手猛戳桌子，重複著這句話：「我寧願離職！我寧願離職！我寧願離職！」

時間回到一九九二年，河村擔任歐力士二軍的打擊教練。眾所周知，當時歐力士一軍監督土井正三和其他教練對一朗的打法非常反感，而在那次專訪中，河村透露了另一個原因：當時土井對一朗的期待其實是擔任投手。

事實上不只歐力士隊，就連一朗從小憧憬的中日龍隊也將一朗定位在投手，只是中日球探認為一朗的投球天分不夠高，壓根就沒想選他；歐力士隊則動用第四指名將一朗選進來，只是當一朗報到後表態想朝外野手發展時，球團聽得臉都歪了。

教練團對此態度冷淡，他們將一朗丟給二軍打擊教練河村健一郎，然後下了一個指令：「修正他的打擊姿勢！」

一九九二年歐力士春訓第一天，河村第一次看到一朗打擊，他後來形容自己當時第一眼就愛上一朗獨特的打擊機制了，他甚至在心裡發誓，絕不會改掉任何細節。河村這麼形容一朗：「我發現他的重心非常穩，形成一個完美的三角形，頭就在三角形的頂端，這是他重心很穩的原因所在。揮擊時身體前傾、看似重心跑掉了，但其實沒有。總之，他的打擊動作乍看之下有些怪異，但在擊球當下卻又如此完美。」

河村形容一朗的打法「散發光芒」，此外，速度奇快的他就算沒打好也能跑出安打；再說到外野防守，一朗傳球的彈道又低又快又直。看到這裡，河村知道一朗說的是對的：這個年輕人是天生的外野手，不該是投手。

「我會讓你在兩年之內，成為一軍最好的打者」

有人形容河村是指導一朗「鐘擺打法」的人，但他更是「鐘擺打法」的守護者，甚至在一朗想放棄的時候，他比一朗還更堅持。

怎麼說？一朗在土井監督時期幾次上到一軍卻表現平平，而且對內角高球沒輒。在一軍打擊教練的要求下，一朗一度放棄自己從小到大的打法，但愈改愈糟，改到連自己都沒自信了。在有一次被丟回二軍之後，一朗甚至向河村說出「再也不要上一軍」的喪氣話。

至於河村呢？他比一朗自己更早看到未來，也更想捍衛一朗的打法。就在春訓開始的第一天，河村把一朗拉到場邊，告訴這個十八歲的男孩，他會讓一朗從二軍開幕戰開始就擔任球隊的第一棒，但一朗必須完成他所擬定的訓練計畫，而這套訓練是為了強化雙腿和腳踝的力量。

結果呢？一朗不但完成訓練，還把兩個月的訓練期程，在一個月內就完成了！

河村還對一朗許下另一個承諾：「我會讓你在兩年之內，成為一軍最好的打者。」但在土井主政之下，這個承諾是很難實現的。

一九九二年球季開打兩個多月後，一朗以他在二軍的超強表現（那一年一朗拿下二軍西區聯盟打擊王，成為高木守道之後，又一位高校畢業新人拿下打擊王）吸引土井監督的目光，土井決定讓他上來一軍試試身手。四十場比賽下來，一朗繳出打擊率二成五三的成績，以十八歲新人來說還算不錯了，但當他被下放二軍之後，土井給河村的指示依舊不變：「改掉他的打擊姿勢！」

這次河村直接回絕了。他事後受訪時說：「我拒絕了，因為我非常有自信，在一朗打擊力量隨著年紀而增長之後，他一定會成為優異的打者。他還沒完全釋放自己的潛能，況且現在上到一軍，對他的時間還太早，我必須盡全力保護他。」

河村曾向土井解釋一朗表現不如預期的原因，與打擊姿勢無關：「我向他解釋，一朗才剛轉入職棒，二月才剛起步，六月就徵召他上一軍，實在太早了。」

想當然爾，土井沒有這麼輕易被說服。就從這天開始，河村幾乎每天都為此和土井大吵，直到有一天河村攤牌了，他告訴土井，一朗的揮棒太完美，完全沒有修改的可能，如果教練團要他去修改一朗的打擊姿勢，那就另外去找一個新的打擊教練吧！

在河村賭上自己的烏紗帽之後，土井終於讓步了，兩年後也證明河村是對的。一九九四年，一朗用他特立獨行的「鐘擺打法」，在歐力士一軍打出三成八五的超高打擊率，拿下太平洋聯盟打擊王及MVP。當然在此之前，土井早就因為球隊戰績不佳而下台，而河村也因此聲名大噪，後來他被讀賣巨人軍網羅，還擔任過松井秀喜的打擊教練。

至於河村怎麼形容一朗的個性？他說：「他非常專注、非常勤奮，從年輕開始，他的腦袋裡就只有棒球、棒球、棒球，有時甚至連我都覺得有點對不起他。不像其他年輕球員打球時會試著找樂趣，一朗似乎從來沒有覺得開心過，他滿腦子就只想打得更好。」

「只要相信自己，就算和別人不一樣也是可以的」

鈴木一朗曾經說過一句名言：「只要相信自己，就算和別人不一樣也是可以的」，這句話用來形容他對「鐘擺打法」的堅持，應該是再適合也不過的了。而河村健一郎就在他職棒生涯起步時，及時扮演起捍衛他的角色。

《西雅圖時報》那篇專訪的標題下得有趣：「他說不，剩下的就交給一朗了（He said no, and the rest was Ichiro）。」一朗今天的成就當然是靠自己的努力掙來的，但如果沒有河村在他最低潮時的固執與堅持，不要說三千安，也許連大聯盟都只是個遙不可及的夢想了。

17 冬季聯盟——來自夏威夷的曙光

在土井監督與一軍教練團的堅持之下，雖然新的打法困惑了鈴木一朗，但他只有比以前更加倍投入練習。歐力士二軍教練曾經這麼形容一朗的練球態度：「這孩子練得很勤。如果說高橋慶彥（原廣島）和正田耕三（原廣島）的練習是傳奇的話，一朗絕對不會輸給他們。」

至於什麼是日本職棒選手的訓練方式？為什麼前讀賣巨人隊洋助人克羅馬提（Warren Cromartie）形容「比效力日本皇軍還要操」？日本職棒的訓練方式與大聯盟又有什麼不同？

日本職棒「與藍領工人無異」的訓練方式

日本職棒與大聯盟的球季期間相似，都是每年四月至十月（大聯盟多了約二十場比賽），但訓練排程卻大相徑庭。

【神之語錄】

「身為棒球選手，球場與比賽才是我該專注的地方。」
——鈴木一朗

先從春訓說起。大聯盟球隊每年二月中旬在溫暖的佛羅里達及亞利桑那展開春訓，球員每天在場上大約三至四個小時，其他時間就是打打高爾夫球或游泳，有些球員甚至帶妻小一起來度假；日本職棒選手則相反，往往天寒地凍的一月就開始自主訓練，球團在二月開訓後則持續加重練習分量，每天八至九小時的球場練習不說，晚上還會安排室內體能訓練甚至禪修課程。

至於訓練的重點也頗為不同，日本著重跑步，教練會加碼設計一些體能處罰項目，這也就是為什麼日本職棒春訓營是每五天要休息一天，但大聯盟卻不需要的原因。有美國棒球作家就形容日本職棒的訓練方式「與藍領工人無異」，而這也反映出美日棒球文化的巨大差異。

至於球季期間呢？在日本，可別以為正式球季開打後就可以免除例行的體能訓練，雖然在大聯盟是如此，但在日本職棒，部分訓練項目仍然伴隨賽季開展而持續進行。大聯盟的觀念認為球員應該將精力保留在球場上，尤其酷熱的夏天更應如此；但日本剛好相反，他們認為天氣愈熱，就愈需要用訓練來維持體能。

十月上旬球季結束後，沒有打季後賽的大聯盟選手收拾行李走人，除了少數去中美洲打冬季聯盟之外，多數回歸家庭生活，舒服過冬；但日職球隊則排定秋訓，一直持續到十一月底，有時即便主力球員也要參加。以讀賣巨人隊為例，過去他們的秋訓營是從早上七點到晚上九點，禁止喝酒、打麻將，甚至不准看成人片，曾經有一年，球員還必須繳交一篇當年球季的績效檢討報告。

對一朗來說，即便日本職棒的訓練過程如此艱苦，但他仍然經常是那個留到最晚的選手之一，甚至在隊友們去溫泉旅館泡湯、吃火鍋之後，他還是一個人默默練打。而這樣刻苦練習的目的無他，因為出於禮貌和尊敬，他必須嘗試以土井監督為首的一軍教練團所指導的打擊姿勢，但他也很清楚，新打法完全破壞了自己原有的打擊節奏。

來去夏威夷：重建信心的轉捩點

一九九三年球季結束後，「夏威夷冬季聯盟」意外成為一朗職棒生涯的轉捩點。

這是大聯盟出資成立的教育聯盟，由大聯盟、日本職棒、韓國職棒選派年輕選手打散組成四支球隊，各隊於十至十二月間在夏威夷進行約五十場比賽。一朗沒等球季結束就離開日本，偕同田口壯在內的歐力士隊友，以及大榮、日本火腿共十八名選手前往夏威夷報到。

「我有種從夏威夷回來就會有好事發生的預感。老家附近有一座機場，有時夏威夷航空的班機會在那兒起降。印象中是小學的時候吧，我還記得我看到時非常激動的心情。所以那天當我坐上飛往夏威夷的班機時，感覺自己已經長大了。」一朗說。

十九歲的一朗在冬季聯盟出賽四十五場，打擊率三成一一（一六四個打數擊出五十一支安打）高居全聯盟第二，率領所屬「希洛之星隊」（Hilo Stars）拿下聯盟冠軍。雖然是充斥年輕選手的教育聯盟，但可別以為在這裡打出三成打擊率是一件容易的事，打從一九八〇年代西武球團選派年輕選手前往美國小聯盟「野球留學」、培養出秋山幸二等球星以來，日本球界的觀念普遍認為能在國外打出三成打擊率、拿下五場勝投，這樣的實力對新秀來說，回日本已經夠用了。就連一朗也這麼想：**「在冬季聯盟學到很多。尤其跟外國人比賽還能打出三成打擊率，這種經驗足以成為一種自信。」**

對照同行的小川博文打擊率二成三九、田口壯二成〇九，一朗不僅成為唯一入選明星隊（相當於最佳九人）的日本選手，當地媒體還以「燦爛的明星——鈴木」為題製作專題報導。一朗所屬希洛之星隊總教練愛爾蘭（Tim Ireland，一九九九～二〇〇〇年擔任科羅拉多洛磯隊亞太區球探主管期間主導簽下曹錦輝，曾任台灣大聯盟聲寶太陽隊總教練）更盛讚一朗是**「天生的打者，有朝一日必定大放異彩」**。

「夏威夷冬季聯盟」的打擊成績不僅讓一朗重建自信，這段期間有兩件事情更對他的職棒生涯產生至深至遠的影響。其一是外國選手的生活態度，比賽結束後一朗在漢堡店巧遇幾名小聯盟選手，相較於日本選手在球場外為維持形象而穿著嚴謹、注意儀容，外國選手卻穿得非常輕鬆隨便，**「問起原因，他們說如果平時不能讓自己放鬆，比賽時就不容易集中精神，我覺得很有道理。」**一朗說。

自此之後，媒體拍攝到一朗在進入球場前和離開球場後經常穿著T恤及寬鬆短褲，有部分就是受到當時在冬季聯盟的影響。

此外，對於從小勤於練球的一朗來說，外國選手的刻苦態度超乎他的想像。就如作家永谷脩的形容：**「這些外國選手們常常一邊囫圇吞著漢堡，一邊訴說將來升上大聯盟、成為百萬選手之後，要為爸爸媽媽買新房子的夢想。」**看到外國球員——特別是拉丁美洲出身的選手——

為了家庭生計打拚的鬥志，相信對一朗一定有不同的感觸。

另一件對一朗影響重大的事件，則是他在征戰夏威夷期間聽到土井正三監督被解職的消息。新任監督仰木彬到夏威夷視察歐力士年輕選手時，一身白色漆皮皮鞋、白色長褲、白色皮帶、金框太陽眼鏡的打扮，在收銀機前丟了一疊大約有一公分厚的鈔票，對於年輕選手如一朗的感觸很特殊，後來更翻轉他在歐力士的職棒生涯。

順帶一提，一九九三年的夏威夷冬季聯盟有培育出什麼大聯盟頂級球星嗎？有，二〇〇〇年美聯MVP、大聯盟生涯四四〇轟、前運動家及洋基強打吉昂比（Jason Giambi）。他在那年冬季聯盟打擊率三成四三、長打率六成八七，當時才二十二歲！

櫻

Part 2

滿開

18 對我來說，仰木彬就是我唯一的恩師

相差五歲的野茂英雄與鈴木一朗，兩人其實存在許多共通點。

首先，野茂與一朗都以獨特姿勢而聞名，野茂的投球被稱為「龍捲風」，一朗則是「鐘擺打法」；兩人都拿過大聯盟新人王，是日籍選手在大聯盟的「先驅者」（pioneers，美國棒球名人堂對「先驅者」的定義是必須能帶動風潮，因此一九六四年第一位在大聯盟出賽的亞洲選手村上雅則並不被視為「先驅者」）。一九九五年野茂引領日本職棒選手渡海挑戰的風潮，至今超過四分之一個世紀依舊方興未艾；六年後，一朗則成為大聯盟史上第一位日籍野手。

此外，這一投一打之間的對戰也留下不少特殊紀錄，一朗日職生涯首轟的投手就是野茂，野茂則賞給一朗在大聯盟的第一次觸身球（這也是日籍野手在大聯盟史上首度被觸身球，一朗說他當時「痛到幾乎無法呼

【神之語錄】

「對我來說，仰木彬就是我唯一的恩師。」
——鈴木一朗

吸」）。

至於兩人之間還有一項交集：野茂與一朗，他們都是「仰木門下生」。

「喝得兇，但也要練得兇，這就是我的座右銘」

一九九三年球季結束後，土井正三監督為了對戰績負責而下台，繼任者就是被一朗推崇為恩師的仰木彬。仰木高中畢業加盟西鐵獅隊之後才從投手轉任野手，在這支擁有中西太、豐田泰光、大下弘、稻尾和久等重量級球員、號稱「史上最強球團」的球隊，他不但從新人年開始就擔任先發二壘手，時任監督的三原脩還對他施以一對一的「私塾教育」。仰木後來承襲三原「魔術師」的封號，擔任監督後不僅在比賽調度迭出奇招，帶兵哲學更是如此。

據說仰木彬擔任監督的球隊是沒有「宵禁」的，其他規定也是愈少愈好。球員就算喝到爛醉才回到宿舍，但只要隔天早上正常參加練球就好，仰木常說：「**喝得兇，但也要練得兇，這就是我的座右銘。**」

至於在球場上，仰木監督更顯非傳統與非典型，他曾經說過「**職業棒球是一種感動的產業，如果老是使用觸擊戰術，要如何讓人感動？**」而傳統日本教練對於投打姿勢的堅持，也不會發生在他身上，一九八八～九二年執教近鐵隊期間帶出「龍捲風」特異姿勢的野茂，就是一例。

仰木監督對一朗的想法很簡單：（一）一朗的打擊方式完全沒有錯；（二）他無法理解土

井前監督為什麼不重用一朗，他甚至覺得困惑。因此，仰木在一九九三年球季結束接任歐力士監督之後，他最重要的決策就是將一朗排進固定先發陣容，多半擔任第一棒，而且在打擊姿勢上自由發揮，一朗則以破紀錄的打擊成績作為回報：一朗在一九九四年成為日本職棒史上首位單季兩百支安打的打者，總計一三〇場例行賽打出二一〇支安打，打擊率高達三成八五，這個打擊率在當時也是太平洋聯盟新紀錄，日職史上僅次於一九八六年阪神洋將巴斯的三成八九，他當然也是當年度太平洋聯盟MVP。

要說仰木戲劇性地扭轉一朗的職棒生涯並不為過，一朗形容仰木就任監督後的歐力士隊「完全不一樣，自由的環境讓球員們再度充滿活力，只要努力就可以上場的氣氛高漲」，在他心目中，仰木「生來就是當監督的料」，更是「唯一的恩師」。

「イチロー」（Ichiro）登錄名的誕生

仰木監督最為人所知的神來一筆，是將一朗的登錄名改為「イチロー」（Ichiro，即「一朗」的日文片假名），但事實上這是打擊教練新井宏昌的率先提議。

仰木彬接任監督後重新組閣，教練團成員最大的變革是網羅兩名「名球會」球星——生涯二八四勝的山田久志接任投手教練、2,038支安打的新井接任打擊教練。新井曾經是日本職棒單季最多安打的紀錄保持人（一九八七年在一三〇場賽制下，單季擊出一八四支安打），這曾被專家視為二十世紀空前的偉大紀錄。

一九九二年球季結束後引退的新井，退休一年多轉任教練時才四十一歲。面對歐力士年輕球員的好奇與期待，新井宣示**「我會將我所知道的一切教給大家，若有認為適合自己的，請不要客氣，盡情採用吧！」**這種與「土井內閣」迥異的美式作風，深深打動一朗。

新井在一九九四年春訓期間就看出一朗的潛力。開季前他提出一項改變一朗命運的建議：「每一千個日本人就有13.32人姓鈴木（最多是佐藤的15.83人），叫『一郎』或『一朗』更比比皆是，你要不要登錄一個令人注目的名字？」

第一次聽到這個提議時一朗非常驚訝，**「我常在想，父親給我取的『鈴木一朗』這名字還不錯啊！」**但在仰木監督大表贊成之後，一朗很快就同意了。

就這樣，一九九四年一開季，「鈴木一朗」這個名字從日本職棒選手登錄名單中徹底消失，取而代之的是類似外來語用法的「イチロー」。但確實如新井所言，當時日本職棒就有十一個「Suzuki」（鈴木），至於「Ichiro」（一郎、一朗）這名字在日本也非常普遍，有美國棒球作家形容這就相當於美國「約翰．史密斯」（John Smith）這種菜市場名。

「Ichiro/Japan」的郵遞奇蹟

改名登錄當下，一朗難免擔心被輿論及球迷批評「作秀心態」，他擔心球迷在開季後發現這個以片假名登錄的選手不是洋助人，只是一個籍籍無名、想改名換手氣的二十歲小鬼，從此被貼上「標新立異」、「嘩眾取寵」的標籤。所幸事情並沒有他想的這麼嚴重，**「當場上廣播**

先發球員名單，喊到『イチロー』時，聽到全場觀眾的驚嘆聲，一開始還真有點不好意思，還好所有球場都打過一輪之後就習慣了。」一朗說。

更名登錄的一朗在一九九四年球季締造連續六十九場比賽上壘（五月二十一日至八月二十六日）、單季二一〇支安打的空前紀錄，成為日本職棒新紀元的表徵。同年「イチロー」這個新名詞獲頒第十一屆日本「新語・流行語大賞」年度大獎，後來也成為他在大聯盟的登錄名。

最神奇的是，一九九九年間日本媒體報導，國際郵件只要在信封寫上「Ichiro/Japan」，就能順利寄到一朗手裡。效應之大，恐怕是當初仰木監督及新井教練始料未及的吧！

19 從休息區到打擊區的十三步決定成敗

一九九四年改變鈴木一朗人生的關鍵人物之一——歐力士新任一軍打擊教練新井宏昌，由於他在近鐵球員時代就看過一朗的「鐘擺打法」，深知這種打擊機制最怕被對方投手刻意破壞打擊節奏，因此他上任後積極教導一朗如何研究對方投手的配球、武器球為何、投球時的小動作等等，以及打擊節奏一旦被擾亂時的對應方略。

歐力士紀錄員長村裕之回憶說：「每天晚上一朗都會跑來跟我要明天對方先發投手前次對戰時的配球表。」一朗則說：「一看到配球表，就能回想起前次投打對決，透視失敗的理由。在多方思考的過程中，也能解讀對方的攻擊方式，思路逐漸有系統起來。所以一看到配球表，安定感就油然而生。」

正因如此，當外界誤以為一朗的「鐘擺打法」容易遭對方投手以怪

【神之語錄】

「從休息區走到打擊區大約十三步，在這十三步的極短暫時間內，你的想法通常決定這個打席的成敗。」

——中村豪（名電高棒球隊監督）

異的投球節奏及快慢速差的配球方式擊敗，最後卻訝異於他對比賽的解讀能力時，其實這是來自前一晚徹底研判對手配球的結果。

另一個讓一朗解讀比賽更精準的原因，則是他能不拖泥帶水地轉換心情，以及集中專注力。一朗說：「從小父親就告訴我轉換心情的重要性，必須正面思考、勇往直前。高校時代的中村監督更教導我，從休息區走到打擊區大約十三步，在這十三步的極短暫時間內，你的想法通常決定這個打席的成敗。」

父親宣之和中村監督的教誨，養成一朗從每一個打席，乃至於人生的重大決策，他都能快速轉念，並且果斷明快地做出抉擇。就以「イチロー」更名登錄的決定為例，一朗從排斥到接受的轉念之快，成為他決策時的一大特色。

「對信賴我的監督，我希望能得到他的認可」

說到安定感，仰木監督的調度哲學則是造就一朗在一九九四年破紀錄的重要心理素質。對他來說，土井與仰木兩名監督是非常鮮明的對比：「監督換人最大的好處是，就算前一兩個打席沒打好，他還是會容忍。在此之前，我如果第一個打席沒打好，心裡就會焦慮是否被換下場，如今能獲得安定感，讓我在打擊時的態度更輕鬆。」

一九九四年二十四場春訓熱身賽打出三成四五的高打擊率，在十二隊所有打者的排名高居第六。一朗開幕戰就以先發第二棒、中外野手出發，結果他在開季前幾場比賽卻表現慘澹，連他自己都有被下放二軍的體悟。

開季第七場比賽一朗對西武隊無安打，下一場比賽前五個打席還是無安打，連他自己都認為應該要被換下場了，結果仰木監督不為所動。對照前一年開季才十二個打席就被降到二軍，前任監督土井「表現不好立刻換人」的現實作風讓一朗每次上場打擊都戰戰兢兢，深怕一次沒打好，一軍出賽的夢想就此破滅。因此，當仰木監督一次又一次給他機會，一朗說什麼也要拚了。

一朗對仰木的信任一直心懷感激，他說：「對信賴我的監督，我希望能得到他的認可。」而全力以赴，就是一朗表達感謝、回饋監督信任的最好方式。

除了信賴與安定感之外，另一個讓一朗急起直追的轉折點在於棒次的調整。一九九四年四月二十八日對大榮的比賽，教練團將一朗的棒次由原先的第二棒調整成開路先鋒第一棒，他對此非常興奮：「如果是第一棒和第三棒，我會喜歡打第一棒，因為任務就是上壘，這對我來說並不難；反倒是第三棒會需要打長打，會有難以承受的壓力。我喜歡以輕鬆的心情站上打擊區，通常打擊的成績也會很好。」

果真如一朗所言，他在轉任第一棒的首場比賽（四月二十八日）就打了兩支安打，接下來四月二十九日至五月一日對羅德三連戰狂打九支安打，截至五月十九日為止連續十八場安打；六月一日以三成七八打擊率首次登上打擊王，就此展開創紀錄之旅：

● 六月二十五日對日本火腿之戰，寫下前六十場比賽擊出一百支安打的日職最快紀錄。

●連續二十三場比賽擊出安打，而且單季達成兩次。

●六月二十九日對近鐵四個打數四支安打，打擊率站上四成〇七，而這已經是一朗在當年球季的第六十三場出賽，成為史上第五位出賽至少六十場的「四割」打者，前四位分別是克羅馬提的九十六場（巨人，一九八九年）、廣瀨叔功的八十九場（南海，一九六四年）、藤村富美男的七十三場（阪神，一九五〇年）、巴斯的六十九場（阪神，一九八六年）。

●連續六十九場比賽上壘，超越石嶺和彥一九八六年在阪急的連續五十六場日職紀錄。

●單季打擊率三成八五，太平洋聯盟新紀錄。

●單季二一〇支安打，日職史上新紀錄。

說到日職史上前所未有的「單季兩百支安打」，這顯然是一朗最想達成的紀錄。開季大約一個月，稚氣未脫的一朗就做出大膽的宣示：「目標是最後一場季賽前擊出兩百支安打！」事實上這可是他精算後的結果：「球季開始後大約過了一個月左右，我數了數還剩下的比賽場數，算出來的結果是：『打兩百支安打應該沒問題吧。』這個如意算盤就是每三場比賽要打出五支安打。如果可以實踐，我認為一定可以達成兩百支安打。」

六月二十五日達成單季百安之後，一朗表達對單季兩百支安打紀錄的渴望：「就算今年球季只剩下最後一個打席，我的打擊率四成、安打一九九支，我也要上場拚兩百支安打。」

年僅二十歲，日職第一個完整球季就打破歷史紀錄，連一朗自己都覺得不可思議。十月九日創紀錄之後，一朗發表感言：「雖然自己是忘我地打球，但總覺得冥冥之中，有一股神奇的力量在幫助我。」

二十歲就登上日本棒球之巔的完美男人

二十歲就登上日本棒球之巔，不僅沒有絲毫減少鈴木一朗棒球人生的鬥志，他謙遜自制的個性更沒有因此而改變。

當一朗一九九六年在太平洋聯盟ＭＶＰ三連霸時，日本媒體預期他的年薪將達到前一年一・六億日圓至少兩倍以上，挑戰當時球界的第三高薪。但當球團提出偏低的二・六億日圓合約時，一朗卻簽字了。他後來在接受朝日新聞訪問時這麼解釋：「其實我打職棒才不過第三年，我很難想像如果我要求和其他頂級球星同等級的待遇時，那會是什麼樣子。」（事實上當時的一朗就已經是最頂級球星了呀！）

就連一向以毒舌出名的野村克也（時任養樂多隊監督）也不吝給一朗最高的讚譽：「他太完美了，能打、能跑、守備好，待人有禮，孝順雙親，我從沒見過任何人能像他這樣。這麼完美的人竟能誕生在這世上，真是一件奇怪的事。」

一朗對於「鐘擺打法」的擇善固執，與仰木監督的識人之明，為他的棒球人生掙得最好的結果。二〇〇五年過世的仰木彬，若看到一朗在大聯盟的成就，相信他在天上也會微笑的。

20 加油！神戶（がんばろう KOBE）

一九九五年耶誕夜前夕，NBA芝加哥公牛隊主場「聯合中心」（United Center）體育館上演一場「神與神交會」的戲碼，二十二歲的鈴木一朗經由NBA官方辦公室牽線，與他的偶像——美國「籃球之神」麥可·喬丹第一次會面。

這次會面妙趣橫生。雖然一朗是全日本捧在掌心的天之驕子，但距離他加盟水手隊還有近五年之久，此刻的他在美國毫無知名度可言（當時多數美國人認識的日本棒球明星只有野茂英雄）。因此喬丹大神見到一朗的第一句話竟然問：「一朗是投手嗎？」（笑）

接著喬丹大讚一朗穿的球鞋是「好鞋」（Nice shoes），原因無他，因為這正是喬丹自己代言的NIKE「飛人喬丹」（Air Jordan）系列啊！只是這件事後來成為美國媒體的笑柄，因為對照當時喬丹穿的第十一代「Air

【神之語錄】

「如果能練到睡前不揮棒就不安心，便算是成功了。」
——王貞治（世界全壘打王）

Jordan Concord XI」，一朗卻還在穿四年前的第六代「Air Jordan VI 'Carmine'」。

怎麼會這樣？

唯一合理的解釋大概是當時日本《週刊少年Jump》連載的漫畫《灌籃高手》，一朗穿的第六代，正是男主角櫻木花道第一雙「飛人喬丹」球鞋，差別只在櫻木穿的是白色版，一朗則是紅白配色版。小時候愛看漫畫《一休和尚》的一朗，也曾經和我們一樣是《灌籃高手》的忠實讀者嗎？答案似乎已經昭然若揭了。

後來喬丹提及他唯一認識的日籍棒球選手野茂英雄，當他知道一朗對野茂轟出職業生涯首轟的時候，他的表情著實驚訝了一下。喬丹確實該驚訝的，因為這場會面的九個多月前（一九九五年三月）他還在大聯盟熱身賽苦苦掙扎，看到同一年以指叉球席捲全美的野茂，打過小聯盟的喬丹應該很清楚野茂的球有多難打。所以要說日職單季二一〇支安打的紀錄對喬丹或許無感，但能對野茂夯出生涯首轟，這可就真的讓喬丹眼睛為之一亮了。

回顧歷史，饒富趣味。誰能想得到這個穿「湯姆貓與傑利鼠」（Tom and Jerry）高領上衣「面聖」的日本小毛頭，五年後竟然跨海挑戰大聯盟，還被美國媒體稱呼為「日本的麥可·喬丹」？再過二十年後，如今的一朗已經是準名人堂球星、二十一世紀最偉大的大聯盟外野手了。

「加油！神戶」（がんばろう KOBE）

一九九五年對一朗是別具意義的一年。一月十七日，歐力士球團所在地神戶發生規模7.3級的「阪神大地震」，近六千五百人罹難，災民超過三十萬人。地震當時一朗正在球隊宿舍四樓，他驚嚇到只能用棉被蓋住自己，一度以為小命沒了。

災後一朗搬回老家專心自主訓練，卻被中傷他在神戶最需要的時候棄之而去。事實上一朗一向是知恩圖報的個性，早在一九九一年加盟歐力士隊當下，他就從簽約金捐出一百萬日圓回饋神戶社會；一九九五年阪神大地震後，歐力士全隊在球衣衣袖縫上「加油！神戶」（がんばろうKOBE）的臂章，這句話還獲選為日本「新語・流行語大賞」年度大獎，一朗個人則捐款並買季票招待小球員進場看球；二〇一一年的「三一一大地震」，遠在美國的一朗透過經紀公司向日本紅十字會捐出一億日圓賑災，創下日本運動界有史以來捐款最高紀錄。

「平成名勝負」：伊良部秀輝的直球對決

一九九五年一朗的打擊成績相較於破紀錄的前一年（一九九四）其實不遑多讓，他差點成為史上首位以第一棒身分拿下「三冠王」的打者。最終一朗獲得打擊王（三成四二）、打點王（八十）、盜壘王（四十九）、安打王（一七九），得分（一〇四）、上壘率（四成三二）高居聯盟第一，二十五支全壘打則排名聯盟第三。

那一年一朗率領歐力士隊拿下太平洋聯盟冠軍，自己則連莊年度MVP，可惜球隊後來在「日本一」系列賽以一勝四敗輸給監督野村克也及明星捕手古田敦也領軍的養樂多隊以及「ID野球」。

而在一朗成為日本職棒的代表打者之後，他與羅德超級強投伊良部秀輝之間的對戰每每成為全日本矚目的焦點。就連一朗自己也感受到兩人投打對決的氣氛明顯不同：

「對我來說，伊良部秀輝是很特別的存在，他應該也是這樣看待我的吧！從他對我的投球就看得出來。就算在球場上，兩人之間的氣氛和其他人有很明顯的不同。所以我對上他的打席特別有趣，就算我沒打好而出局，心裡還是覺得很暢快。」

「（連續上壘紀錄中止的）那次對決，伊良部投出的球實在太厲害了，我被三振得心服口服。為什麼我會服氣？純粹是因為我也使盡全力了吧！我覺得兩人的心態很像小孩，一方心想『我非打到這傢伙的球不可』，另一方則是『我就是不讓那傢伙打到我的球』，誰都不願意輸給對方。」

「雖然我沒有和他談過這件事，但他的心情卻很直接地傳達過來。」

「（伊良部的速球）別人完全比不上，在當時可謂超級的……他還能投曲球、變速球，還有所謂的慢速曲球，再加上快速指叉球。」

「伊良部投得最好的球，如果沒打中球心而形成界外球，那個球勁道之強，會一直傳到腰部，就是這麼厲害。」

「如果能練到睡前不揮棒就不安心，便算是成功了」

題外話，說到賑災，一九九九年台灣發生「九二一大地震」，同年十一月十九日至二十一日歐力士全隊來台與中華隊、中職明星隊、台灣大聯盟明星隊舉辦三場賑災義賽。雖然一朗因為手傷而無法上場打擊，但在現場球迷不停的召喚聲中，他兩度上場接替外野守備。記者會上一朗也表達感同身受的心情：「我經歷過大地震，我能感受那種痛苦。」

有此一說，義賽結束後有人發現室內打擊練習場還響起擊球聲，原來是手傷的一朗仍然在做打擊練習。

我不禁想到「世界全壘打王」王貞治說過的一句話：「如果能練到睡前不揮棒就不安心，便算是成功了。」鈴木一朗正是這句話的最佳寫照。

21 全世界最強的五名棒球選手之一，真正的大物

一九九五年耶誕夜前夕，「籃球之神」麥可．喬丹與「朗神」鈴木一朗「神與神的第一次交會」，喬丹當面問一朗會不會來美國打球？一朗妙答：「等我手臂跟你一樣粗的時候，我就去！」

事實上在一朗聲名鵲起後，早在一九九四年他就被問過類似問題，有媒體問到他的打擊技巧能不能應對大聯盟等級的投手？一朗的回答豪氣干雲：「只要是人類投的球，不管球速有多快，我都有自信可以打得到！」

話一出口，一朗就發現自己說得太滿，他隨即補充：「我從來沒想過要去大聯盟打球……如果真是如此，那我的打擊率大概只有二成五〇。」

雖然這個想法一直到一九九六年球季結束後都沒有改變，但挑戰大聯盟的種子卻在他心中悄悄萌芽了。

【神之語錄】

「只要是人類投的球，不管球速有多快，我都有自信可以打得到！」
——鈴木一朗

一九九六：「滿願成就」的一年，登上世界舞台的開始

一九九六年一朗「照慣例」拿下打擊王（三成五六）、安打王（一九三）、得分王（一〇四），單季二十六次「猛打賞」（單場擊出三支安打以上），連續第三年獲選太平洋聯盟年度MVP，帶領歐力士隊連兩年打進「日本一」系列賽，而這次的對手是超級豪門——讀賣巨人軍。

全日本高度期待這場對決，一九九六年十月十一日「日本一」門票開賣第一天，東京巨蛋前面排了兩萬九千人等著買票。而一朗並沒有讓球迷失望，十月十九日首戰，他在延長賽第十局上半轟出勝利打點全壘打，帶領球隊以四：三拿下首勝。有趣的是他這一棒原本沒有設定要打全壘打：「我有自信下一球會投外角，心裡甚至已經有這一球直直投來、投進外角的影像。可是在投手球離手的一瞬間，我突然發現這將是好球帶正中進壘的偏高速球，於是我做了點微調。」最終「仰木歐力士」以四勝一敗擊潰「長島巨人」，在「阪神大地震」隔年登上「日本一」王座，而一九九六年也被稱為一朗「滿願成就」的一年。

不過「滿願成就」並不是這一年完美的句點，接下來的美日職棒明星賽，反而是一朗登上世界舞台的開始。

美日兩國職棒每兩年會舉辦一個系列的對抗賽，雖然一朗在一九九四年以單季二一〇支安打締造日本職棒新紀錄，打擊率三成八五則是太平洋聯盟史上最高，但因大聯盟球員罷工導致這項賽事停辦，所以一九九六年就成為一朗首度與大聯盟球星正面對決的機會。

面對大聯盟明星隊大軍壓境，當時儼然成為日職看板球星的一朗，首戰就以三個打數二支安打、二次四壞的超優異表現，帶領日職明星隊以六：五驚奇拿下首勝。總計一朗在這個系列賽的三場出賽，十一個打數擊出七支安打，打擊率高達六成三六，還有兩次盜壘成功。

一朗打跑守的全能表現讓不少大聯盟球星對日本職棒為之改觀，當時效力洛杉磯道奇隊的名人堂捕手皮耶薩（Mike Piazza）接受日本媒體訪問時就說，他認為憑一朗的實力，即使到大聯盟打球也能躋身一流球員之列；時任道奇總教練的拉索達（Tommy Lasorda）事後看到一朗在這個系列賽的影片之後，催促道奇球團老闆歐馬力（Peter O'Malley）趕快簽下一朗（當時一朗還有五年才能成為自由球員）。

有一位熟悉美日職棒的資深觀察家這麼說：「對一朗而言，日本職棒只是水族箱，而他值得徜徉在大海，他屬於大聯盟。」至於對一朗評價最高的首推紐約大都會隊總教練瓦倫泰，前一年（一九九五）擔任羅德隊監督的貼身觀察，讓瓦倫泰大膽宣示一朗是「全世界最強的五名棒球選手之一，他是真正的大物」。

聽到這些好評的一朗，雖然只是輕描淡寫地回應：「我當然可以去啊，但應該只能當球僮吧！」可是觀察以下這幾件事情的發生，不難發現他心態上的轉變，就如他後來受訪所言，一九九六年美日明星賽讓他對大聯盟「從單純的嚮往，轉而為確切的目標」。

首先，從一九九六年底開始，一朗每天練球都會特別留意美日好球帶的不同。他發現日本的好球帶比較偏內角，大聯盟則偏外角，以外角為例，大聯盟的好球帶外角大概比日本寬一至

一．五顆球左右。所以打擊練習時他會問捕手「這個球怎麼樣？在美國算不算好球？」此外，一九九六年底與歐力士球團重新簽約時，他告訴管理階層「將來有興趣到大聯盟發展」，結果對方只是一笑置之，當然這並不是嘲笑，而是根本不當一回事。

上述歐力士高層的不當一回事，對照當時的時空背景其實不讓人意外。雖然一九九五年有野茂拿下國家聯盟新人王的先例，但日本球界普遍認為野茂的成功是例外，一般日職球星不可能將自己在母國打球的成功移轉到大聯盟賽場上，這種觀感隨著接下來伊良部在紐約洋基隊的失敗而更加確定。

一九九八：足足讓大聯盟投手牽制十二次的頂級快腿

如果說一九九六年美日明星賽在一朗心中撒下挑戰大聯盟的種子，那麼同期間一朗也用球場上的全能表現，讓大聯盟留下深刻印象。一九九八年球季結束後一朗再次獲選參加美日明星賽，迎戰由索沙（Sammy Sosa）、席林（Curt Schilling）、賈西亞帕拉（Nomar Garciaparra）領軍的大聯盟明星隊。一朗在此次系列賽二十六個打數擊出九支安打，打擊率三成四六，更驚人的是他竟然跑出六次盜壘成功！

工作人員在第一場比賽測到一朗跑上二壘的時間是3.8秒，大聯盟明星隊總教練哈格洛夫（Mike Hargrove）大為驚豔：「跑壘速度的評分標準是一至八分，其中八分是最高等級，一朗在速度上可以得到最高等級八分的評價。」

而在第五場比賽，站上一壘壘包的一朗足足讓大聯盟投手牽制他十二次。對照一九九七年八月一朗接受《文藝春秋》專訪時提到「希望前往大聯盟」，一九九八年一月在與歐力士進行契約交涉時，則首度向球團表達轉戰大聯盟的意願。鈴木一朗的大聯盟之夢，正在一步步實現著。

22 能為西雅圖打球，是我夢想的實現

一九九四～二〇〇〇年效力日本職棒期間，鈴木一朗獨霸太平洋聯盟打擊王，連續七年拿下外野金手套獎並入選明星賽。值得一提的是在這七年打擊王歷程中，一朗每年在打擊排行榜都是壓倒性地勝出（詳次頁表格所示）。

尤其二〇〇〇年普遍被預期是一朗在日本的最後一年，他也卯足全力想留給球迷一個最美好的回憶，那就是成為日職史上第一位「四割男」。

在打完第七十九場比賽之後，一朗的打擊率站上四成〇一，即便打完九十七場仍能維持在三成九八的高檔。他在精算過後對這個目標保持樂觀：「我相信如果我能將六〇～七〇%的好球都打進場內，單季四成打擊率不是不可能。」

【神之語錄】

「能為西雅圖打球，是我夢想的實現。」

「我想成為第一個在大聯盟展現日本打者能耐的球員。」

「我不認為只是加入水手隊就代表夢想實現，如果我能在整個球季表現出色，那才代表夢想真正的實現。」

——鈴木一朗

可惜事與願違。八月二十五日晚上，一朗因為飯局拖太晚而來不及到宿舍健身房運動，「一天不運動就渾身不舒服」的他只好去附近的陡坡跑步，由於是客場遠征回來當天，又在深夜跑山路，可能因此對身體造成極大的負荷；隔天二十六日右側腹腫脹，比賽時隱隱作痛，但他依舊不以為意；二十七日比賽第三局下半，一朗將滑球打成界外的同時感到劇痛，可是他堅持留在場上，直到下個半局接殺飛球回傳時右手臂舉不起來，這才不甘願地退場，就此進入傷兵名單直到球季結束。最後以三成八七的個人最高單季打擊率，結束在日本的職棒生涯。

恩師仰木彬的反對，夢想與恩義的掙扎

依照日本職棒的自由球員制度，一朗最快在二〇〇一年球季結束後才能成為自由球員。一直堅持留人的歐力士球團為什麼提前一年放他自由？此間緣由其實不難理解：

- 一朗二〇〇〇年年薪已經高達五億三千萬日圓，如果挑戰「四割男」成功，二〇〇一年年薪有沒有可能翻倍？

年度	1994	1995	1996	1997	1998	1999	2000
一朗打擊率	3成85	3成42	3成56	3成45	3成58	3成43	3成87
第 2 名打擊率	3成17	3成09	3成15	3成31	3成20	3成30	3成32
第 2 名球員（所屬球隊）	山本和範（大榮）	堀幸一（羅德）	片岡篤史（日本火腿）	克拉克（Phil Clark，近鐵）	平井光親（羅德）	松井稼頭央（西武）	歐班德（Sherman Obando，日本火腿）

這是球團無法想像的。

● 二〇〇〇年是一朗透由「入札制度」（即「競標制度」）轉戰大聯盟的最後機會。球團如果多留他一年而錯過入札，損失的「入札金」（讓渡權利金）可能高達上千萬美元。

一朗特別在意「恩師」仰木監督的態度。一九九九年八月，仰木從球團處得知一朗的想法之後，他直接衝到一朗正在吃飯的餐廳，機關槍似地講了起來：「只要我當監督一天，就不准你去」、「絕對不准」，而當仰木說到「留下來和我一起打拚」、「你是我絕對需要的球員」時，一朗忍不住難過了起來：

「我進到球隊的第三年還在二軍，好幾次懇求監督讓我先發，他也接納了我，我才有今天的成就。被監督這樣慰留，我心裡很掙扎，總覺得太對不起他了。」

「我是仰木監督培養出來的球員，我實在不能不聽他的話。當時我心想：『不能無視監督的存在，就這樣一走了之，去挑戰大聯盟的事就等取得自由球員身分再說吧！』再說，我希望在大家都認同的前提下才去大聯盟，我不能背棄從以前就一直為我加油的球迷，以及在背後支持我的球團。」

深受美國文化影響，開始蓄鬍、聽嘻哈音樂，對大聯盟心嚮往之的一朗，其實骨子裡還是那個謹守「恩義」與「義理」的傳統日本人，對吧？

二〇〇〇年八月底受傷後，仰木監督邀約一朗和新婚妻弓子在神戶的中華料理餐廳用餐，主動提到「去挑戰（大聯盟）也沒什麼不好的」。在得到恩師的首肯之後，一朗對於日本職棒已經了無罣礙了。

「如果大聯盟是真正的棒球，那日職就是『乒乓球等級』」

在決定以「入札制度」挑戰大聯盟之後，接下來問題來了。首先，一朗真的有實力在大聯盟立足嗎？

當時美國球界普遍持負面看法。大聯盟一六二場季賽遠多於日職的一四〇場，對每天出賽的野手是一大負擔，但投手相對沒有這個問題；此外，大聯盟有多達三十支球隊且幅員遼闊，客場移動的時間漫長，打者面對投手的人數之多、型態之廣，遠非日職所能比擬。

至於兩國職棒的實力差距？雖然美國球界認同少數日本投手若到大聯盟同樣也是頂級水準，但他們相信這是極少數的例外，因為在他們心目中，日本職棒是次級聯盟。有美國作家引用大聯盟人士的看法，「如果大聯盟是真正的棒球，那日職就是『乒乓球的等級』」。

況且就算在日本，反對者同樣大有人在，父親宣之就是其中之一。有別於弓子的全力支持（弓子在兩人交往時就鼓勵一朗「你該走自己想走的路」），宣之希望多等一年，而且始終無法理解一朗的心情。

還有一個反對者也讓一朗意想不到，那就是他的好朋友、比他早一年到水手隊還拿下新人王的「大魔神」佐佐木主浩。

佐佐木對大聯盟高度推崇：「在大聯盟打球讓我感覺自在。投手勇於挑戰打者，強投對決強打，我認為這就是棒球比賽該有的方式。」但在二〇〇〇年十一月回日本參加美日明星賽期間，佐佐木受訪時說出他對一朗挑戰大聯盟的憂心：「一朗的球技絕對沒問題，但畢竟球季漫長，他需要加強體能與爆發力，此外，強大的心理素質也同樣重要。」

面對美國球界對他身材與體能的普遍質疑，一朗低調地以實際作為來回應：大約在二〇〇〇年季中到二〇〇一年春訓期間，藉由強化重量訓練，一朗的體重增加將近二十磅，當他前往亞利桑那的水手春訓營報到時，球團為他準備的新球衣竟然都太小，尤其是手臂、肩膀和腿；由於體型明顯改變，有媒體甚至謠傳他施打類固醇，因此拒絕參加二〇〇〇年雪梨奧運的日本國家隊以規避藥檢。

三年一千四百萬美元合約，「水手Ichiro」正式誕生

前面提到美國球界對一朗的評價，攸關大聯盟球團「入札金」開價高低、歐力士球團接受與否。但倘若一朗成功被讓渡到大聯盟呢？

未來不知落腳哪一隊？這是一朗非常擔心的。所以在競標結果公開前夕，他對媒體透露內心緊張的情緒：「我覺得自己就像選秀會前幾天的高校選手：非常緊張，非常興奮，非常渴望。」

一朗內心屬意西岸球隊，尤其是水手隊，一九九九年的移地春訓讓他留下好印象，尤其是與好友佐佐木並肩作戰，這對他是夢想的實現。至於水手更是求才若渴，一九九八年七月和二〇〇〇年二月分別交易走蘭迪．強森與小葛瑞菲（Ken Griffey Jr.）、二〇〇〇年球季結束A-Rod（Alex Rodriguez）宣布投入自由球員市場（後來被遊騎兵隊以十年二．五二億美元簽走）之後，水手亟需一位人氣球星；此外，二〇〇〇年球季水手主場才剛從國王巨蛋（Kingdome）搬遷至薩菲柯球場（Safeco Field，二〇一九年更名為T-Mobile Park），球團高層想建立一支速度、防守優先的球隊，一朗正是最佳人選。

二〇〇〇年十一月十日競標結果揭曉，水手隊以高於預期的「入札金」1,312.5萬美元（約十四億日圓）取得一朗的轉隊交涉權，其餘競標情形並未公開，但據報導有多達十五隊參與競標，開價次高的道奇隊僅約八百萬美元；同年十一月十八日，一朗與水手球團簽下一紙三年一千四百萬美元的合約，至此，「水手Ichiro」正式誕生！

瓦倫泰的神預言

題外話，瓦倫泰領軍的大都會隊毫無疑問是對競標結果最失望的球隊之一。還記得他在一九九六年美日明星賽期間評價一朗是「全世界最強的五名棒球選手」這句話嗎？

這句話被許多人當笑話，但瓦倫泰在競標前的神預言，想必會讓這些人驚訝到笑不出來：「毫無疑問，他會成為年度新人王，他的三壘安打將是全聯盟最多，打擊率將遠高於三成；

而且不用等球季結束，你就會聽到有人說他是全聯盟傳球臂力最強的野手，有人說他是最佳打者，有人說他是最佳防守球員，還有人說他是第一快腿。」

這項神預言除了「三壘安打」之外，其他全部都實現了！

大聯盟生涯第一場比賽，最重要的貴賓

話題回到鈴木一朗在大聯盟生涯的第一場比賽。在前三個打數全部槓龜之後，他終於在第四個打數擊出大聯盟生涯首安；第八局下半、第五個打數，面對大聯盟罕見的螺旋球投手梅西爾（Jim Mecir），一朗突如其來地擺出橫棒，這是他八年來第一支觸擊安打！

靠著一朗這支安打延續攻勢，水手隊在第八局下半攻下超前分，第九局上半再由「大魔神」佐佐木主浩救援成功守住勝利，這場逆轉勝就此成為水手單季一一六勝、美國聯盟史上單季最多勝紀錄的開端。

能在父親宣之（坐在水手休息區後方第一排座位）面前打出一場好球，和好友佐佐木實現當年的約定，共同贏得一場比賽，一朗的大聯盟之旅有了最好的開始，而這一切，都是他勇於改變並挑戰自己的甜美果實！

23 The Throw——電影《星際大戰》才看得到的奇景

才剛上大聯盟沒多久，鈴木一朗很快就用手上的木棒，成為客場球迷又愛又恨的選手。

二〇〇一年四月十～十二日水手作客奧克蘭三連戰，右外野看台上的運動家球迷用種族歧視字眼羞辱一朗，還用硬幣、冰塊丟他。有球迷丟擲的硬幣正中一朗頭上，這名球迷自己也嚇到了，還起身向一朗鞠躬道歉。

賽後被問到怎麼回事時，一朗的專屬翻譯海德（Ted Heid）翻譯他的話說：「有東西從觀眾席飛出來打到我。」一朗聽到後低聲更正，海德隨即補充：「我必須更正我剛才的翻譯，一朗說的是『有東西從天上掉下來打到我。』」

這是一朗非常厚道的一面，他沒有陳述真正的事實——運動家球迷

【神之語錄】

「我相信外野守備與傳球是我讓美國球迷感到驚奇的一種方式。我期待右外野看台上的觀眾會有什麼反應，想看到他們興奮的表情。」

——鈴木一朗

用雜物丟他——也沒有流露任何不悅或斥責，反而極力輕描淡寫。

媒體當然心知肚明，當記者開玩笑問他收集了多少硬幣時，一朗依舊雲淡風輕：「我沒辦法判斷掉下來的是雨還是錢幣。」被追問這樣的事情在日本是否發生過，一朗回答：「當然，每次你到客場比賽，就會有各種東西從天上掉下來，有一次老天爺還送給我一個鋁罐。」

「電影《星際大戰》才看得到的奇景」

二〇〇一年初來乍到的一朗很快就驚豔全美，繼開幕戰（四月二日）二支安打、得分一分之後，一朗熄火一場比賽，四月四日二支安打、得分二分，四月六日首度猛打賞，對遊騎兵隊單場六個打數四支安打、二分打點、得分二分，包括一支全壘打和一支二壘安打，而這僅僅是他大聯盟生涯的第四場比賽。

在打擊火力展示後，接下來登場的是他的傳球臂力，一朗讓運動家隊和全大聯盟球迷見識到，一個身材瘦削的亞洲外野手如何演出完美的傳球。而這一球就發生在前述運動家客場三連戰的第二場比賽。

四月十一日（一朗大聯盟生涯第八場比賽），他在第八局上半代打擊出安打、回本壘攻下致勝分，下半局接替右外野守備。在這個半局運動家首名打者隆恩（Terrence Long）率先安打站上一壘，一出局後代打的賀南德茲（Ramon Hernandez）補上右外野一壘安打，原本可以輕鬆上到三壘的隆恩卻被一朗精準的長傳阻殺在三壘壘包之前。因為太經典了，後來美國媒體直接以"The Throw"稱之。

該怎麼形容這一球帶給全美的震撼？美國知名作家、電影製作人席爾茲（David Shields）在同年九月份《紐約時報雜誌》（*The New York Times Magazine*）專文中有一段生動的描述：

對於是否安裝有線電視，我猶豫了一整個春天，我不想讓八歲的女兒納塔莉（Natalie）整天坐在電視機前面看卡通頻道（Cartoon Network），但我又想看西雅圖水手隊的比賽，這支球隊不只連戰皆捷，還打出全新的球風——用犧牲觸擊取代三分全壘打。我曾經兩次打電話給有線電視業者約定裝機時間，但兩次都取消了。

球季開打一週半之後，我在家裡聽水手與運動家比賽的收音機廣播，聽了幾局之後再也按捺不住，雖然我沒想喝酒，但我跑到轉角的運動酒吧看電視實況轉播。當時隆恩站在一壘壘包上，下一棒打者擊出右外野一壘安打，當隆恩從一壘衝上三壘時（一個非常例行性的跑壘），水手新來的右外野手，五十一號，鈴木一朗——大聯盟有史以來第一個日籍野手，與瑪丹娜（Madonna）、雪兒（Cher）、比利（Pelé）同等級，只靠單名就能讓粉絲記住他的明星——從右外野中間偏深處的位置傳了一記平飛球，直接送進三壘手手套，輕鬆將隆恩觸殺出局。

整個酒吧陷入暴動，主播的口氣聽起來跟瘋了沒兩樣，我從脊椎開始半身發麻，彷彿過了二十年之久。

接下的二十四小時，幾乎全西雅圖都在討論這一球，有球員、教練、主播形容這是他們有生以來看過最偉大的傳球：「這一球猶如從加農炮射出一般，又快又有力」、「眼睛高度的雷射光束」、「電影《星際大戰》才看得到的奇景」，就連隆恩賽後也承認：「當時除非是一記完美的傳球才有可能抓到我，而這就是完美的傳球！」

當被問到這記傳球如何讓跑者出局時，一朗透過翻譯回答：「球正對著我打過來，我也想知道他為什麼敢跑？」

後來有線電視就在週末安裝好了。

連續十七年金手套的「遏止力」

西雅圖當地媒體對這一球有各種生動的描述：

「先想好一個你有生以來看過最棒的外野長傳，然後忘了它吧，這道二百英尺遠的閃電，距離地面高度不過幾英尺，就算沒有比你看過的好，至少也毫不遜色。」

「這一球的照片應該裱框、陳列在法國羅浮宮，就掛在《蒙娜麗莎》畫像的旁邊，因為實在太美了。」

就連隊友也瞠目結舌，水手投手希利（Aaron Sele）說：「當時我正要跑到三壘後方補位，所以我沒看到這一球。我只知道在我跑到定位前，突然一瞬間這一球已經進到三壘手手套，然後就結束了。」

水手捕手威爾森（Dan Wilson）說：「他是菜鳥，但沒有任何人敢當他是剛上大聯盟的小伙子。真的，有誰敢這麼想？」

美日職棒生涯連續十七座外野金手套獎（日本職棒一九九四～二〇〇〇年，大聯盟二〇〇一～二〇一〇年），一朗非常自豪於自己對跑者的「遏止力」：「能讓跑者裹足不前，是防守球員最大的優勢。利用傳球來造成對方跑者出局，當然是很有價值的事，因為對方若是頻頻進壘，就代表瞧不起守方的臂力。」

值得一提的是，初到美國的一朗，對於大聯盟的比賽用球其實很不適應，「完全不同，大概是因為製球用的材料和製法不同的緣故吧。我覺得日本的比賽用球比較順手，美國的就很不習慣。」

在這種情況下，一朗依舊能在大聯盟第八場比賽就演出生涯最經典的傳球美技，這或許是小學三年級以來近乎每日的外野守備訓練，已經讓這種傳球成為他肌肉記憶的一部分了吧！

24 全盛時期，安打製造機的極限在哪裡？

二〇一六年五月二十一日至二十二日，重回先發第一棒的四十二歲老將鈴木一朗連兩戰狂掃六支安打，一口氣將大聯盟生涯安打數推進到2,956支，距離三千支安打里程碑只剩下倒數四十四支。

對於全盛時期的一朗來說，四十四支安打最快需要幾個工作天？幾場比賽？

全盛時期的安打製造機極限

答案是「十七個工作天，十七場比賽」。

二〇〇四年一朗以三成七二打擊率二度拿下美聯打擊王，二六二支安打則是大聯盟史上單季最高紀錄。而這台安打製造機的極速出現在二〇〇四年七月二十日至八月五日期間（共計十七日），他在這段期間

【神之語錄】

「這世上不存在讓一朗出局的祕訣，你唯一能做的，就是專心對付其他八名打者。」

——利托（Grady Little，波士頓紅襪隊前任總教練）

十七場比賽打出四十四支安打，如下表所示。

總計八十一個打數四十四支安打，打擊率高達五成四三，平均每場比賽二．五九支安打，太強大了！

四成打擊率的奇蹟

二〇二〇年COVID-19疫情肆虐全美，大聯盟球季被迫延後近四個月開打，每隊只進行六十場例行賽，但縮水球季卻讓媒體與球迷萌生破紀錄的期待。

二〇二〇年八月十一日，當洛磯打者布萊克蒙（Charlie Blackmon）開季前十七場比賽狂打三十四支安打，打擊率衝上五成的同一天，洋基首棒打者拉梅修（DJ LeMahieu）的打擊率也剛好站上四成。縮水球季只剩下一個半月就結束，球迷開始期待他們挑戰泰德．威廉斯（Ted Williams）一九四一年單季打擊率四成〇六的神紀錄。

結果還是失望了。拉梅修拿下美國聯盟打擊王，但打擊率「只有」三成六四；至於布萊克蒙最後打擊率掉到三成〇三，勉強保住三成。

2004/7/20：4支安打	2004/7/26：3支安打	2004/8/1：2支安打
2004/7/21：4支安打	2004/7/27：2支安打	2004/8/3（1）：5支安打
2004/7/22：1支安打	2004/7/28：3支安打	2004/8/3（2）：1支安打
2004/7/23：1支安打	2004/7/29：5支安打	2004/8/4：3支安打
2004/7/24：3支安打	2004/7/30：0支安打	2004/8/5：3支安打
2004/7/25：1支安打	2004/7/31：3支安打	

既然六十場比賽要拚高打擊率有如此難度，有媒體就問：誰是大聯盟史上在六十場比賽區間內打擊率最高的打者？

答案是名人堂球星羅傑斯．霍斯比（Rogers Hornsby），他在一九二四年間的六十場比賽打擊率四成六六，但他當季打擊率高達四成二四，顯而易見地，這是時空環境完全不同之下的上古神獸數據。

所以比起霍斯比近百年前的紀錄，一朗真實多了。他在二〇〇四年六月三十日至九月四日期間水手的六十場比賽出賽五十九場，打出一二〇支安打，打擊率高達四成六〇，在大聯盟史上僅次於霍斯比。

但與二〇二〇年布萊克蒙、拉梅修相反的是，一朗二〇〇四年一開季打得極不順手，四月份打擊率只有二成五五，直到七月一日他突然開竅了，在打擊站姿微調之後，當天他三個打數三支安打，包括二支二壘安打。

隔天（七月二日）一朗在聖路易追加二支安打，七月四日開始連續二十一場安打，尋求改變後的這一個月，一朗狂打五十一支安打，打擊率高達四成三二，包括七月底對天使隊的兩個系列賽狂掃十五支安打、得到十分。二〇〇〇～〇六年擔任天使投手教練的布萊克（Bud Black）回憶說：「我們找到幾個可以壓制他的投球進壘點，再根據同分區豐富的對戰經驗進行防守布陣。過去這些策略讓我們成功壓制一朗，只有二〇〇四年夏天例外。」

接著八月三日對巴爾的摩金鶯隊的雙重賽，一朗六個打數六支安打，以三成五五打擊率首次暫居聯盟打擊王，當天同場較勁的金鶯三壘手魔拉（Melvin Mora，一九九九年曾短暫效力中華職棒三商虎隊，是極少數離開中華職棒後能登上大聯盟的野手）原本也是打擊王大熱門，但看到一朗完美的一天之後甘拜下風：「我還有什麼話說？他打球聰明，能打、能跑、能傳、能守，沒有他做不到的事。你要怎麼跟這傢伙競爭？」

狂奔的一朗在八月二十六日以全壘打達成當季第兩百支安打，接下來終極任務是在剩餘的三十六場比賽打出五十八支安打，超越一九二〇年希斯勒（George Sisler）單季二五七支安打的大聯盟紀錄。九月四日對芝加哥白襪隊，也是這六十場比賽區間的最後一戰，第七局上半一朗走進打擊區前已經累積三個打數三支安打，白襪左投伯利（Mark Buehrle）第一球就是出其不意的時速六十六英里慢速曲球（eephus pitch）。

一朗忍住沒揮棒，卻沒忍住嘴角的笑意。接著他咬中伯利的第三球，打成中間方向一分打點安打，隨後伯利搞笑脫帽狀似投降，又讓一朗靦靦地笑了；還沒完，第九局上半一朗追加右外野一壘安打，單場五支五、球隊最近六十場比賽打出一二〇支安打，成就達成！

台灣網友的浮誇版「朗神傳說」

台灣網友為鈴木一朗發明了許多浮誇版「朗神傳說」：

✧ 三打數五安打是基本，有時候甚至三打數八安打。

✧ 第一棒就打出滿貫全壘打。

✧ 移動日也有兩支安打。
✧ 場內全壘打只算小case，有時還跑兩圈。
✧ 觀眾接到一朗的全壘打球發現上面已經簽好名了。
✧ 安打打出去還沒落地都已經回休息室洗澡了。
✧ 美國年度十大新聞第一名「一朗被三振」。

有讓你莞爾一笑嗎？

如果問我，什麼是我心目中最誇張但真實的「朗神傳說」？我的答案是二〇一二年九月十九日「單日七安打四盜壘」。

當時效力洋基隊的一朗在對金鶯隊的雙重賽首戰擔任先發第一棒，四個打數三支安打、得分二分，第一局下半的首局首打席安打帶動球隊的三分大局，第八局上半在滿壘時演出美技接殺；第二戰則是四個打數四支安打，第八局下半打出勝利打點，第六局和第八局下半都連盜二壘及三壘成功。

網友的「朗神傳說」不外乎是將一朗「巧打、俊足、強肩」特色極度誇大化，但一朗一天就讓網友三個願望一次滿足，看到這裡，也只能說「有神快拜」了（笑）。

落櫻

Part 3

吹雪

25 最不想要的頭銜——代打王

二〇一八年二月，酷寒下雪、中日本的夜晚，四十四歲的鈴木一朗閃身進入一家餐館。

這裡是神戶，一朗九年日職生涯效力的城市，也是他渡海挑戰大聯盟之後，冬季自主訓練的地方。太太弓子已經回到西雅圖的家，獨留他在這座熟悉的城市，免於親情羈絆與家事煩擾，心無旁騖地練球。

餐館位於市中心一棟大樓的五樓，早有員工守在後門迎接一朗，另一名員工則熟練地為他脫下外套，好讓他可以不動聲色地坐在小吧台前，背對多數用餐中的客人。

穿著馬林魚短褲的主廚迎上前來說：「歡迎再度光臨！」一朗搞笑回應：「你的員工讓我在外面等好久！」

【神之語錄】

「這種感覺肯定就像寵物店裡的老狗一樣，在那些對著主人蹦蹦跳跳的小狗當中，有一隻狗老了點，成熟了點，於是客人一再忽略牠、去找更討人喜歡的小狗。當最後終於有客人選上牠，忠誠的心就此誕生。」

「每個人都當我真的很老，但請把我算進這群年輕小伙子的一員，我仍覺得年輕，也想成為這群年輕選手的一部分。」

「這（指代打）是你永遠無法改變的，因為我不能成為別人。我只能盡力做好自己所知道的事，而這也是我必須做的。」

——鈴木一朗

要征服一朗挑剔的味蕾並不容易，這家餐廳的招牌菜是牛舌，作法是削成薄片、用鑄鐵鍋生煎，這種專精做好一道菜的「職人精神」，正是吸引一朗幾乎天天來這裡吃晚餐的主因。

時序進入到二月，過去十七年來的這個時候，一朗通常已經在亞利桑那或佛羅里達溫暖的陽光下展開春訓，但此刻他卻連新東家都還沒有著落。經紀人巴格斯（John Boggs）打電話、發簡訊、寄郵件給大聯盟各球團，但最近一封寄給三十隊的電子郵件只有一隊回絕，其他石沉大海。

所以一朗唯一能做的只有等待。他租下山上一座球場，每天中午準時十一點四十六分快步穿越神戶大倉酒店大廳，綠色的賓士G-Class休旅車就停在大門口，方便他驅車前往練球。此時室外氣溫只有攝氏三度，酒店外的瀑布造景已然結凍，但這些都無法冷卻一朗想要打到五十歲的熱情。

最不想要的頭銜：「代打王」

這種等待對一朗已經不是第一次了。二〇一四年球季結束後，一朗離開洋基隊投入自由球員市場，四十一歲的他第一次感到自由球員市場的現實與殘酷。

對於在自由球員市場待價而沽的心情，一朗自嘲是「寵物店裡賣不掉的老狗」：「這種感覺肯定就像寵物店裡的老狗一樣，在那些對著主人蹦蹦跳跳的小狗當中，有一隻狗老了點，成熟了點，於是客人一再忽略牠、去找更討人喜歡的小狗。當最後終於有客人選上牠，忠誠的心就此誕生。」

不過那一次等待的結果是好的，馬林魚球團在二〇一五年一月下旬以一年兩百萬美元與一朗達成加盟協議，美國網友戲稱這是「大聯盟有史以來有球團簽下年薪兩百萬美元等級的球員時，規模最盛大的記者會」，這句話一點都不誇張。當時馬林魚球團總裁薩姆森（David Samson）率領棒球營運部門總裁希爾（Michael Hill）、總經理簡寧斯（Dan Jennings）、特助柯奈（Jeff Conine）、傳媒與社區關係資深副總裁洛耶羅（P.J. Loyello），一行人從邁阿密飛行超過七千英里，遠赴東京舉行加盟記者會，做足面子給一朗與日本球迷。

一朗在一月二十九日的加盟記者會表態，馬林魚球團的誠意是打動他選擇這支年輕球隊的重要原因：「球團對於網羅我展現如此高度的意願，激發我想回報他們的動機。身為球員，這是我在過去兩年一直找不到的。」

有別於前一年（二〇一四）洋基教練團將一朗定位在第四號、甚至第五號外野手，馬林魚教練團成員巴特勒（Brett Butler）傳達高層對一朗的重視：「雖然多數人都視他為第四號外野手，但對我們來說，他就是球隊的四名外野手之一，和其他三位一樣有價值。」

當地媒體也盛讚這是一筆成功的補強。體育主播曼索（Will Manso）說：「馬林魚已經擁有全大聯盟最好的先發外野組合，如今大聯盟各隊也很難找到一個比一朗更好的第四號外野手。令人印象深刻的補強！」

不過一朗加盟之後才是挑戰的開始：

● 替補的心態調適

一項統計數據說明一朗的經驗無價：二〇一五年馬林魚開季主力先發打線，扣除投手後的前八棒生涯累積4,010支安打，竟然比一朗當時美日職棒生涯累積4,122支安打還少！

雖說經驗無價，但問題是當時平均才二十四歲的三名先發外野手才是馬林魚的未來：

✓ 史坦頓（當時二十五歲）：二〇一七年國聯MVP，全壘打（五十九）、打點（一三二）雙冠王

✓ 耶律齊（Christian Yelich，當時二十三歲）：二〇一八年國聯MVP，二〇一八～一九年蟬聯國聯打擊王

✓ 歐蘇納（Marcell Ozuna，當時二十四歲）：二〇二〇年國聯全壘打（十八）、打點（五十六）雙冠王

雖然一朗在加盟記者會上表明樂意擔任替補，「這完全符合我的預期。年過四十的棒球選手，特別是在美國，就算沒被釋出，也很難有機會成為大聯盟球隊的先發外野手。所以我對於擔任第四號外野手完全沒有問題。」春訓報到後的記者會上也幽默化解媒體對他年紀的質疑，「每個人都當我真的很老，但是請把我算進這群年輕小伙子的一員，我仍感覺年輕，也想成為這群年輕選手的一部分。」不過漫長球季有一場沒一場的出賽機會，板凳上一朗的心情可想而知。

● 遙遙無期的三千安

大聯盟生涯前十四年累積2,844支安打的一朗，當時只差一五六支安打就能進入三千安俱樂部；美日通算4,122支安打，距離大聯盟安打王羅斯（Pete Rose）的4,256支安打也只有一三四支的差距。但只簽一年合約的他，在極有限的上場機會之下，難道生涯里程碑就此成為泡影？

●「代打王」的辛酸

即便打擊經驗豐富如一朗，要如何在每場比賽只有一個打席的出賽機會維持打擊手感，還真是難解的習題。一朗說：

「這是你永遠無法改變的，因為我不能成為別人。我只能盡力做好自己所知道的事，而這也是我必須做的。」

「也許你可以不準備，不多想，上場之後反而打得更好，或許吧，我不知道。但對我來說，既然一路走來都是如此，我相信這就是我做好自己工作的唯一方法。」

代打的智慧與藝術

相較於先發野手有固定的打序、知道自己該上場的時間點，代打則必須維持隨時可以上場的最佳狀態，這種壓力可想而知。特別是對先發轉任替補的一朗來說，要從原本每晚上場三到五個打席，變成每週三到五次代打、甚至只有代跑或接替守備的機會，不論在心理與生理都是嚴酷的考驗。馬林魚隊友、代打經驗豐富的貝克（Jeff Baker）就說，擔任代打最困難之處，在於你可能要坐在板凳上一兩個禮拜，可是一上場就必須面對對方中繼投手時速超過九十五英里的速球。

再以另一名馬林魚隊友、代打好手達布斯（Greg Dobbs，台灣網友暱稱為「大伯」）為例，他從比賽開始前研究對方投手的球探報告與比賽錄影帶，球賽開打後則觀察對方先發投手的投球策略與細部動作；當比賽進入到第三局和第五局之間，達布斯開始做伸展動作暖身，同時追蹤雙方先發投手的投球數、思考可能的對戰投手與上場時機。

在這些代打專家眼中，一朗有成為箇中高手的條件，貝克說：**「一朗的揮棒動作簡潔，在轉換角色與適應不同投手時都能有不錯的表現。如果有任何人能從先發選手成功轉職為代打高手的話，我相信這個人非一朗莫屬。」**

可是對完美主義的一朗來說，調適的過程有痛苦、有羞辱。一個例子是二〇一六年四月十六日對勇士比賽第六局下半，馬林魚首名上場的打者、第八棒赫查瓦利亞（Adeiny Hechavarria）獲四壞保送上壘，教練團指派一朗擔任第九棒投手的代打，但在勇士換上中繼左投瑟凡卡（Hunter Cervenka）「以左制左」之後，教練團隨即換下一朗，改派右打的強森（Chris Johnson）上場代打。這場比賽後來被日本媒體視為一朗的「屈辱」，因為這是他生涯第一次「代打後又被代打」。

二〇一六年六月十五日，一朗打出美日職棒通算第4,257支安打，超越羅斯成為世界安打王，同年八月七日達成大聯盟生涯第三千支安打，隔年二〇一七年單季九十五個代打打席，再締造大聯盟紀錄。但對一朗來說，生涯後期擔任代打，心境的調適才是最大的考驗。就如隊友貝克所言：「在我看來，一朗的年紀就跟七十二歲沒有兩樣，但他的熱情卻表現得像在參加世界少棒錦標賽一樣。他每天面帶笑容、充滿活力，對於一個替補選手來說，這是非常不容易做到的！」

26 見證傳奇！世界紀錄的含金量

二〇〇一年五月十六日《西雅圖時報》報導，有記者在訪問鈴木一朗時點出他「開季至今在得點圈有跑者的打擊率高達六成二五」，一朗做了下述回答。

兩天後有媒體詢問一朗連續二十二場比賽安打的感想時，他說：「在這個資訊與科技的時代，難免會從媒體報導得到這些數據，但我寧可日復一日，專注打球。只要我上場打擊，我從不去想這些數據，因為這不是我的目標；就算打出安打，我也不會說『喔！又一支！』」

隔天，連續二十三場安打紀錄終止，一朗告訴媒體：

「請別把這種連續場次的紀錄看得太重，因為它總有結束的一天，只不過剛好是今天而已。」

「我一直很努力打球，雖然今天沒有得到想要的結果，但此刻我不

【神之語錄】

「我不知道這項數據，但也許『不知道』就是我的祕訣。因為如果刻意追逐數據，也許反而不會得到現在的好結果。」

——鈴木一朗

會有任何後悔或羞愧，因為我盡力了。」

「不看數據，全力以赴」是一朗一以貫之的打球態度。但身為球迷，你一定想知道，什麼才是他大聯盟生涯最不可思議的紀錄？

大聯盟官網評比，最不可思議的二十項數據

大聯盟官網評比一朗「生涯最不可思議的二十項數據」，條列如下：

1. 大聯盟生涯3,089支安打，打擊率三成一一。
2. 美日通算4,367支安打（比彼得・羅斯多了一一一支）。
3. 大聯盟史上首位日籍野手，新人年（二〇〇一）二四二支安打、五十六次盜壘成功都是全大聯盟之冠，對水手隊單季一一六勝做出巨大貢獻。
4. 二〇〇一年拿下美聯打擊王、新人王、MVP三項大獎，至今仍是史上唯一。
5. 自從一九六二年改制為單季一六二場比賽以來，一朗在二〇〇一年單季二四二支安打、二〇〇四年二六二支安打，兩度刷新單季最多安打紀錄。
6. 生涯七度「連續二十場以上安打」。
7. 自從大聯盟生涯第二場比賽過後，一朗賽後的生涯打擊率從來沒有低於三成過。
8. 連續十年兩百安，這段期間單季平均二二四支安打。
9. 二〇一六年八月七日以三壘安打完成大聯盟三千安里程碑，是名人堂球星莫里特之後

的第一人，也是唯一以三壘安打達成三千安的打者。

10. 史上唯一「二十七歲以後才在大聯盟初登場，依然達成三千安」的球員。

11. 二十七歲之後打了3,089支安打，史上第二多（最多的是羅斯的3,357支）。

12. 四十二歲九個月又十六天達成生涯三千安，史上第二年長。

13. 生涯主場打擊率三成一二、客場打擊率三成一〇，各月份通算打擊率最低也有二成九五，驚人的穩定性。

14. 身為左打者，但一朗生涯對左投手的打擊率（三成二九）高於對右投手（三成〇四）。

15. 生涯對戰大聯盟三十隊都有安打紀錄，最多的是對運動家隊的三二〇支安打，在奧克蘭的一六八支安打也是客場最多。

16. 生涯以第一棒打出2,529支安打，僅次於史上盜壘王韓德森（Rickey Henderson）的3,020支與羅斯的2,924支；但擔任第一棒的通算打擊率三成二三，則明顯優於羅斯的三成〇八及韓德森的二成八〇。

17. 十度入選明星賽，也是史上第一位在明星賽打出場內全壘打的選手。

18. 生涯五〇九次盜壘成功，連續十六年單季盜壘成功兩位數。

19. 一九五〇年以來生涯至少五百次盜壘成功的二十名球員中，一朗以81.3%的盜壘成功率排名第四，優於韓德森，僅次於雷恩斯（Tim Raines）、威爾森（Willie Wilson）、羅培斯（Davey Lopes）。

20. 生涯前十年都拿下金手套獎，名人堂捕手班區（Johnny Bench）之後大聯盟第一人。

就如小葛瑞菲生涯尾聲回到水手隊退休一般，一朗轉戰洋基、馬林魚，最後還是穿水手球衣引退，而兩人在水手隊史同樣占有舉足輕重的地位。以下是水手隊史重要數據的紀錄保持人：

1. 出賽場數：艾德格・馬丁尼茲（Edgar Martinez），2,055場
2. 打擊率：鈴木一朗，三成二二
3. 安打：鈴木一朗，2,542支
4. 全壘打：小葛瑞菲，四一七支
5. 盜壘成功：鈴木一朗，四三八次
6. WAR（Wins Above Replacement，中譯「勝場貢獻值」）：小葛瑞菲，70.6
7. 防禦率：「國王」赫南德茲（Felix Hernandez），3.34
8. 勝場：「國王」赫南德茲，一六八勝
9. 奪三振：「國王」赫南德茲，2,467次
10. 救援成功：佐佐木主浩，一二九次

現在問題來了，一朗生涯諸多大聯盟紀錄都是球迷耳熟能詳的，但有沒有哪一項紀錄是最

被忽視或低估的？

隱藏版紀錄：顛覆「左投剋左打」的不滅定律

我會選擇下面這一項：大聯盟史上面對左投手至少一千五百個打席的左打者中，一朗生涯打擊率三成二九是史上最高！

這項排行榜的前六名如下：

1. 鈴木一朗，三成二九
2. 昆恩（Tony Gwynn），三成二五
3. 貝比魯斯（Babe Ruth），三成二四
4. 華納（Paul Waner），三成二三
5. 穆修（Stan Musial），三成一七
6. 泰德・威廉斯，三成一三

「左投剋左打」在棒球場上幾乎是不滅的定律。一個不為人知的小故事：二〇一二年七月二十三日水手隊將一朗交易到洋基隊，當時三十八歲的一朗打擊率只有二成六一，而洋基球團在與一朗協商、希望他放棄拒絕交易條款的過程中，開出「可能改守左外野、打後段棒次、面對左投手時坐板凳」等條件，後來也獲得一朗首肯。換言之，過去在水手時期不管面對左投手

或右投手，絕大多數場場先發而且從頭打到尾的一朗，生涯後期開始面臨更多避開左投手的調度。

不過單就總體數據而論，一朗對左投手其實打得還不賴，就以二〇一七年、在馬林魚隊的最後一季為例，一朗打擊率二成五五，其中面對右投手一四九個打數的打擊率低到只有二成二八，但對左投手四十七個打數的打擊率卻高達三成四〇。此外，二〇一六年八月七日擊出大聯盟生涯第三千支安打，受害者就是洛磯中繼左投手羅辛（Chris Rusin）。

一朗在全盛時期另一項驚人數據：二〇〇四年單季打擊率三成七二、打出史上最多二六二支安打，其中他對右投手的打擊率「只有」三成五九，但對左投手的打擊率竟然站上四成大關，高達四成〇四！順帶一提，這一年一朗對左投手的長打率五成二九也遠高於對右投手的四成二三。

看看上面所列左打者對左投手的打擊率排行榜，被一朗超越的昆恩、貝比魯斯、華納、穆修、泰德·威廉斯，全部都入選名人堂；就算把右打者也放進來比較，一九七四年以來，生涯對左投手超過一千五百個打數的右打者中，其實也只有帕基特（Kirby Puckett）、曼尼·拉米瑞茲（Manny Ramirez）、基特（Derek Jeter）、阿路（Moises Alou）等四人對左投手的打擊率比一朗高。

見證傳奇：世界紀錄的含金量

鈴木一朗是「金氏世界紀錄」認證的「世界職棒安打王」，大聯盟3,089支安打、日本職棒1,278支安打，職棒生涯總計4,367支安打。

說到世界紀錄，王貞治更是舉世聞名的「世界全壘打王」，但這項紀錄之所以備受挑戰之處，在於他終其一生從沒站上大聯盟打擊區。即便一九七四年王貞治與漢克阿倫（Hank Aaron）在日本舉行一場全壘打比賽，兩人各打二十球，最後王貞治只以九支全壘打小輸給漢克阿倫的十支，證明兩人實力相當，但畢竟這不是真正的比賽。

反觀一朗，他證明自己屬於全世界最高的職棒舞台。即便他有1,278支安打是前九年在日本所累積，但二十七歲才在大聯盟初登場卻能累積超過三千支安打，一朗不只寫下紀錄，更是傳奇。

王貞治下面這段話就是對一朗傳奇的最佳見證：

「他是唯一一位跨海挑戰大聯盟、還能被美國人完全認同的日本選手。」

「過去幾十年來有太多日本球員無法實現的夢想，他都達成了。」

27 西雅圖
永遠是我的家

「知所進退」、「急流勇退」是一種人生智慧。

二〇一四年，四十歲的基特以洋基隊長身分穿著招牌的條紋球衣退休。生涯最後一個球季，他依舊是球隊的先發游擊手，入選明星賽，在洋基主場最後一戰（生涯倒數第三場比賽）還敲出再見安打，如此尊榮的下台身影，不知羨煞多少同儕。

尤其是當你已經四十五歲，前一個球季打擊率二成〇五、OPS（On-base Plus Slugging，整體攻擊指數，是上壘率與長打率的加總）四成六〇，剛結束的春訓熱身賽二十五個打數也只有二支安打、七次三振，在這個時點宣布退休，此其時也，這是再自然、再容易也不過的決定。

【神之語錄】

「直到我死的那一天，才是我真正從棒球界退休的時候。」

「每天練到精疲力竭是我的目標，而我也做到了。」

「我不敢說自己比任何人都還要努力，但我內心有一把尺衡量自己的極限，每次一點一點去超越極限，然後不斷重複。因為這樣，我才能成為現在的我。」

——鈴木一朗

但鈴木一朗如果是一般球員，他就不是我們口中的鈴木一朗了。

頂級球星通常缺乏「時間到了」的自覺，對他們來說，無可救藥的自信心正是他們之所以能成就偉大的原因，當然，一朗又是極端中的極端。

要我退休？至死方休

「至死方休」出自明代小說《初刻拍案驚奇》，二〇一七年三月，四十三歲的一朗就用這句話為「引退」這件事下了註腳：「直到我死的那一天，才是我真正從棒球界退休的時候。」

猜猜看，在一朗的字典裡，他最討厭的詞彙是什麼？

除了「退休」，那大概就是「度假」了。你能想像嗎？一朗前一次出國度假超過一週，竟然是二〇〇四或二〇〇五年的事了（當時是去義大利的米蘭）。但他自承在旅途中全程自主訓練，回來之後還花了兩三週的時間才把狀況調整回來，所以他發誓，從此以後再也不去度假了。

另一個不真實存在的詞彙則是「休季」（offseason）。相對於絕大多數棒球選手在球季一結束就回家或到世界各地旅遊，一朗頂多休息三至四天，之後就重回球場練打。專屬翻譯透納（Allen Turner）說：「我告訴你，這世上不會有任何人的揮棒次數比他多。」

每個人都知道一朗想打到至少五十歲，而且沒有人會懷疑他的決心。一個最醒目的指標就是他在馬林魚春訓基地、球員休息室後方的貨櫃健身房，這裡放置他專屬的健身器材，媒體也不時拍攝到他在裡面鍛鍊的一幕幕景象。這個貨櫃健身房是一朗在二〇一五年加盟馬林魚隊的附帶條件，後來成為馬林魚春訓的觀光熱點，而且不只球迷，就連紅雀隊內野手卡本特（Matt Carpenter）也跑去朝聖。

對於自我鍛鍊的價值觀，一朗說：

「在生理上，除非受傷，否則沒有休息的必要。至於心理上雖然會有需要喘一口氣的時候，但我很清楚知道自己的體能狀況是需要鍛鍊才能維持的，這就是為什麼我會不斷給身體施加壓力，讓自己累。」

「對我來說，窩在沙發一整天只會更累而已，比體能訓練還累。」

可別以為這是日本人特有的勤奮與自律，同樣來自日本、長期觀察一朗的資深記者小西慶三就說：「他簡直是來自另一個星球的外星人。」

一朗曾對媒體說：「當我開始用枴杖的時候，我才會考慮從球員身分退休。」在被問到他什麼時候會從棒球界引退？一朗說了一句話：「就是我死的時候！」

「西雅圖永遠是我的家」

二〇一八年三月，一朗與水手球團簽下一年七十五萬美元的合約，比起前一年在馬林魚隊的年薪二百萬美元只剩下三分之一，對比生涯最高薪一千九百萬美元更不到四％。

重回老東家的一朗感性地說：「西雅圖永遠是我的家。」但近乎大聯盟最低薪的對待，難怪父親宣之受訪時要說：**「他大概是以侍奉雙親的心情接下新工作吧！」**

至於一朗「至少打到五十歲」、「至死方休」的承諾呢？為什麼隔年（二〇一九）三月二十一日東京巨蛋的引退記者會上，他自嘲成為「說話不算話的男人」？一來在一朗重回水手隊之後，他就告訴朋友，他不會再為水手以外的球隊效力，也不會再回到日本職棒打球；另外一個原因，可能也是一朗決心引退的關鍵，就如ESPN專欄所言：**「一朗痛恨退休，但他更痛恨自己打不好。」**

你能想像嗎？一朗的夫人弓子曾經說過，當一朗在球場上陷入低潮時，他就連睡覺時也在啜泣。

二〇一九年三月十日，一朗在春訓熱身賽打了幾局之後，他回到再熟悉不過的球員休息室。但接下來他去了一個自己從來沒去過的地方：他走上樓，進入球團辦公室，找總經理迪波托（Jerry Dipoto）。

這一天，他終於下定了決心。

「每天練到精疲力竭是我的目標，而我也做到了」

時間回到一年前，二〇一八年三月七日，水手球團和一朗簽下一紙合約，隨後教練團在春訓熱身賽尾聲選擇將打擊狀況極佳的年輕外野手賀瑞迪亞（Guillermo Heredia，熱身賽打擊率三成一〇，三十七個打席有二支全壘打）下放三A，卻將熱身賽打擊率只有二成一二的一朗留在開季二十五人名單。

當時媒體與球迷一片嘩然，批評聲浪四起。但水手球團有他們的計畫，他們要給一朗再一次站上大聯盟舞台的機會；至於退場機制，就是讓一朗在季中轉任球團特助，等到九月一日大聯盟各隊從二十五人名單擴編到四十人之後，再讓一朗重返大聯盟。

水手球團立意良善，但大聯盟辦公室卻不領情，官方認定，只要轉任行政人員，同年度就不能再以球員身分重返球場。但大聯盟最後還是為一朗開了個特例，他們允許一朗繼續穿球衣待在球員休息室，照常參加賽前練習，只是比賽過程中不能出現在場邊，當然也不能上場。

一個不具球員身分的球團特助繼續隨隊練球，卻不能上場比賽，這種古怪的安排令人費解。但一朗很清楚他的目標：他想在十個月後的東京巨蛋海外開幕戰上場，在祖國土地上為同胞打出兩場好球。一朗回憶當時被告知這項規畫時的心情，他說：「雖然是漫長的等待，對我卻是很大的激勵。」

為了這兩場「凱旋試合」，一朗隨隊練打維持手感，每天使用日本「世界之翼」公司為他量身訂做的訓練設備來維持體能。一個最好的證明：一朗在春訓報到第一天體檢，四十五歲的他體脂肪率竟然只有七%左右，全隊最低！

對一朗來說，這段過程真的很辛苦，他說：

「所有該做的我都做了，我有點累，需要休息。」

「但每天練到精疲力竭是我的目標，而我也做到了。」

二〇一九年春訓熱身賽第一戰，一朗打出一支安打，還有一次盜壘成功。在被問到他是不是想讓所有人留下深刻印象時，他回答：「有何不可？」

可惜接下來事與願違，一朗之後只再打出一支安打，仙人掌聯盟（Cactus League）熱身賽總結二十五個打數二支安打。在被記者問到熱身賽如此慘澹的打擊成績時，一朗完全沒有認輸的意識，他回答：

「二〇〇四年（以二六二支安打刷新大聯盟紀錄的球季）我在熱身賽幾乎場場安打，但開季後卻打得非常掙扎；另外一年，我在熱身賽二十六個打數無安打，但當年度還是達成單季兩百安的里程碑。」

「從這些經驗中我學習到一件事：你永遠不能用春訓成績來做任何預測。」

「我從來沒有在春訓熱身賽打好過，如果你要根據我春訓的成績來評斷，那我今天根本沒有資格出現在東京的開幕戰。很幸運的是，因為我是日本人，才能得到這個機會；但反過來想，我是不是更應該充分利用這項優勢，對吧？」

後面的故事大家都知道了，一朗在接下來與讀賣巨人隊的兩場熱身賽六個打數無安打，開幕系列賽對運動家隊五個打數無安打、一次四壞保送。

根據一朗的說法，他早在三月十日就作了引退的決定，可是本著一貫低調的作風，他選擇在東京巨蛋系列賽最後一戰開打後才讓消息曝光。

沒有盛大的引退儀式或告別演說，但第八局下半一朗退場的這一幕，依舊讓球迷眼眶發熱。這是超越勝負的感動，沒有人在意他當天四個打數無安打，也沒有人為兩隊平手而緊張，心裡只有單純的悸動。

特別是當天先發四．二局失二分（一分自責分）的二十七歲同胞選手菊池雄星，他站在水手隊友與教練列隊歡迎的末端，當一朗笑著對他說「加油」（頑張って；gan ba te）時，菊池忍不住淚崩了，他靠在一朗肩上低頭啜泣，一朗微笑看著小老弟，又拍了他好幾下。當一朗鬆開手後，菊池壓低帽簷，轉頭伸手拭淚。

在電視機前的你看到這一幕，也跟我一樣紅了眼眶嗎？

這場比賽是菊池的大聯盟初登板，卻是一朗的引退賽。而一朗的棒球生涯更貫穿了菊池的成長歷程：

- 一九九一年，一朗加入日本職棒，菊池在這一年出生。
- 二〇〇一年，一朗跨海挑戰拿下美聯新人王與MVP，菊池剛滿十歲。
- 二〇〇四年，一朗以單季二六二支安打締造大聯盟新紀錄，這一年菊池轉任投手。
- 二〇〇九年，一朗在WBC冠軍戰打出勝利打點安打，這一年菊池也在甲子園拿下準優勝，同年十月再以第一指名加盟西武獅隊。
- 二〇一九年三月二十一日，一朗在東京巨蛋的引退賽，是菊池在大聯盟的初登板。

二十八年來，一朗揮灑的不只是他的棒球青春，更是包括菊池在內的我們，許許多多球迷從小到大的人生。

「Ee-chi-ro！Ee-chi-ro！」

二〇一九年三月二十一日晚上十一點過後的東京巨蛋，比賽已經結束了好久，但現場幾萬名觀眾卻不肯散場離去，他們反覆呼喊著這個名字。

他們想見心目中的英雄最後一面，也相信他一定聽得到全場觀眾的吶喊。

過去超過四分之一個世紀，一朗就是全日本的國民英雄。上次他在東京巨蛋出賽已經是七年前的事了，二〇一二年三月二十八日，同樣是水手對運動家的海外開幕戰，三十八歲的他單場四支安打。沒有人想得到七年後一朗還馳騁在大聯盟賽場上，只是七年後同樣在東京巨蛋，這場比賽卻成為他的引退賽。

當時一朗正在球員休息室後方的牛棚接受西雅圖媒體採訪，隊友則站在記者群後方拍照及攝影，就連對手運動家總教練梅爾文（Bob Melvin）在自己的記者會開完之後也趕到現場，因為他是一朗二〇〇三、二〇〇四年水手時期的總教練。

一朗當然聽到了同胞的呼喊聲，採訪一結束，他快步衝進球場，完成他人生最後一次的謝幕（curtain call），現場觀眾有人繼續嘶喊，還有人感動到哭了。

當一朗從三壘邊線開始繞場向球迷揮手致意時，部分隊友拿著手機在後面跟拍。事後一朗這麼回應：「看到球迷的熱情回應，我人生無憾。」

一朗退休的消息是在這場比賽第二局中途傳出來的，立馬讓全日本為之震動。一朗告訴水手球團，他計畫在這場東京開幕系列賽第二場比賽結束後退休，並召開引退記者會。

而在繞場結束、回到球員休息室後，已經是當地時間晚上十二點了，現場仍然有超過一百五十名日本記者在等候。而在接下來將近一個半小時的記者會當中，一朗娓娓道來自己決定引退的心情。

● 想對孩子們說的話：

「找到自己熱衷的事物，就傾盡全力去做吧！而且愈早愈好。如果有熱情，自然就能面對並接受橫亙眼前的阻礙，如果沒有熱情，遇到困難就會輕言放棄。我認為孩子們可以有各式各樣的嘗試，但與其去思考自己適不適合，我更希望孩子們找到真心喜愛的事物。」

● 對於這個系列賽的感想：

「看到球迷為我留到最後還不肯走，當下我真覺得死而無憾。」

● 是否可能回日本打到五十歲：

「我的確說過至少要打到五十歲，也發自內心這麼想，雖然最終無法實現，讓我成為說話不算話的男人，但如果沒有這樣的表示，我可能無法堅持到今天。」

● 退休後的人生要如何度過：

「還不知道欸！明天應該會繼續訓練吧！」

● 是否想把自己的人生觀傳達給球迷：

「我不敢說自己比任何人都還要努力，但我內心有一把尺衡量自己的極限，每次一點一點去超越極限，然後不斷重複。因為這樣，我才能成為現在的我。」

● **想對弓子夫人說的話：**

「我覺得她很辛苦，最辛苦的就是她了。我在美國打了3,089支安打，比賽前都會帶著妻子握的飯糰到球場去吃，加起來大概有2,800個吧！我原本希望能讓她捏到3,000個飯糰，她自己也這麼希望，不過最終還是沒能做到啊！總之她真的盡力了，未來我不會讓自己閒下來，不過希望她可以過得輕鬆一點。」

「還有一弓，我家的愛犬，牠是隻柴犬，目前已經十七歲又七個月，今年就要滿十八歲，已經是老爺爺的年紀了。看牠每天走路搖搖晃晃，但還是非常努力地活著，看到牠就會讓我覺得自己要更努力才行。」

「一弓是二〇〇一年出生的，二〇〇二年來到我在西雅圖的家，沒想到牠會一路陪伴直到我引退的這一刻，看著牠的身影讓我感觸良多。」

「對於妻子和愛犬一弓，除了感謝還是感謝。」

● **想對台灣球迷說的話，退休後是否想來台灣走走：**

「我想知道陳偉殷還好嗎？我們曾經是隊友，陳選手最近還好嗎？（記者回答"Yes"）這樣嗎？那我就放心了。非常謝謝你，目前雖然還沒有這個打算，但我曾經去過台灣，這裡的人非常和善，給我留下很棒的印象，真是個好地方。」

● **對於自己成功的棒球生涯，有什麼感想：**

「其實我很討厭『成功』這個字眼，……如果用『成功』當判斷基準，覺得會成功才去嘗試，覺得不可能成功，就連試都不試，這樣將來一定會後悔的。對於自己想做的事，就放手去挑戰吧！不是因為覺得能成功才去做，而是發自內心地想要嘗試看看，這樣不管結果如何，自己都不會後悔。」

● **是否感覺自己在孤獨中打球：**

「許多事情若沒有親身經歷過，就不會有這樣的感覺。雖然很多時候覺得孤獨、打得艱苦，但這些體驗將來都會成為自己的資產。逃避困難是人之常情，但如何充滿能量，面對挑戰，身而為人，這是非常重要的一件事。」

不忘初衷

鈴木一朗的大聯盟生涯出現一個奇妙的巧合：

● 二〇〇一年四月二日：一朗大聯盟生涯第一場比賽，水手五：四擊敗運動家。

● 二〇一九年三月二十一日：一朗大聯盟生涯最後一場比賽，水手五：四擊敗運動家。

這個巧合或許正呼應一朗「不忘初衷」的精神。大聯盟初登場迄今已十八年，加上先前長達九個多月沒出賽，當記者問一朗在引退前這段沒有比賽的期間如何自我準備時，一朗這麼回答：「完全相同，現在的我在訓練和飲食上，與過去球員時代完全沒有任何改變。」

這也呼應了一朗曾經說過的名言：「達成夢想與目標的方法只有一個，就是累積微不足道的小事。」從日常生活做起，持之以恒，一以貫之，當這些看似不起眼的環節串連起來時，就是一朗縱橫美日超過四分之一個世紀的成功祕訣。

一朗的偶像王貞治說過：「如果不斷苦練，運氣也會站在你這邊。」而一朗不斷苦練、堅持到底的人生歷程，就是這句話最好的印證。

1991年3月29日，春季甲子園對松商學園登板投球的鈴木一朗。
（共同通信社／達志影像）

1994年歐力士時期的鈴木一朗，招牌「鐘擺打法」的擺腿一瞬間。
（共同通信社／達志影像）

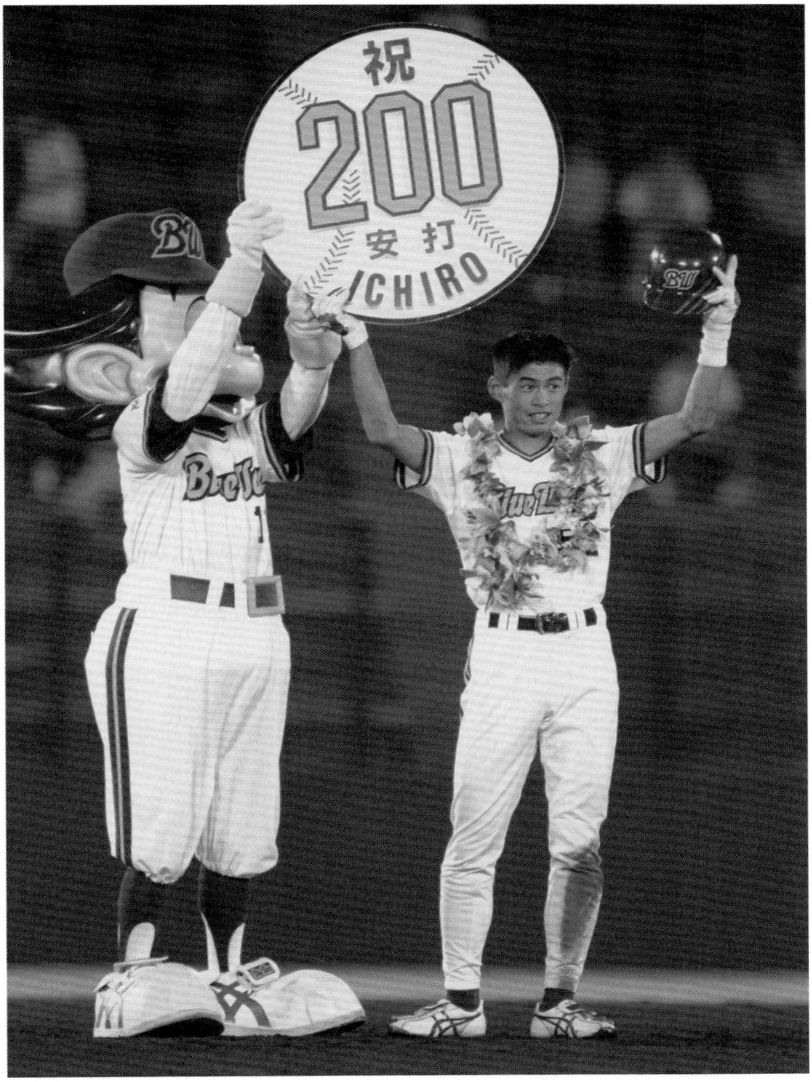

1994年9月20日，鈴木一朗締造日職史上第一次「單季200支安打」大紀錄，他與吉祥物共同高舉「祝200安打」的圓形手拿板。（共同通信社／達志影像）

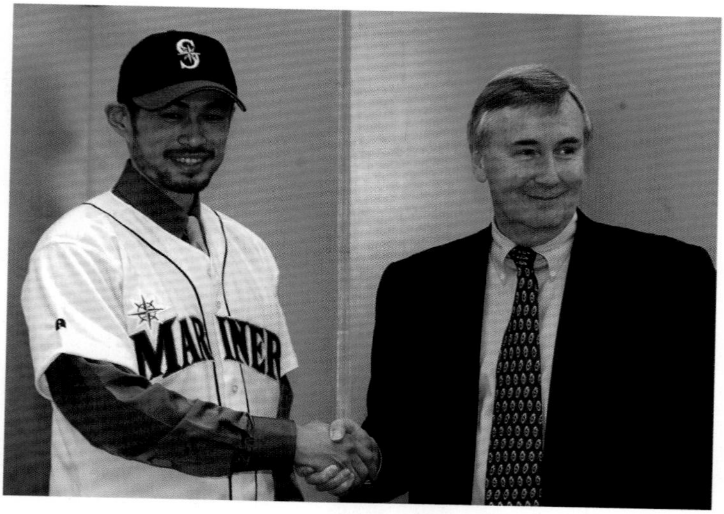

2000年11月19日，鈴木一朗在日本任天堂公司總部舉行的水手隊簽約記者會中，與水手球團執行長林肯（Howard Lincoln）握手。（美聯社／達志影像）

2001年2月20日，水手隊亞利桑那春訓基地，總教練皮尼拉（Lou Piniella）指導鈴木一朗揮棒。（路透社／達志影像）

2004年10月1日，對戰德州遊騎兵隊，鈴木一朗在第3局下半擊出當年球季第258支安打後，站在一壘壘包向主場球迷脫帽致意。這支安打打破希斯勒（George Sisler）高懸84年的單季安打紀錄。（美聯社／達志影像）

2004年11月28日，鈴木一朗夫婦出席NBA西雅圖超音速隊主場迎戰印第安那溜馬隊的比賽。（美聯社／達志影像）

2004年12月，鈴木一朗回到故鄉愛知縣豐山町出席「一朗盃少棒賽」頒獎儀式，左為父親鈴木宣之。（共同通信社／達志影像）

2006年8月18日，對戰加州天使隊，第8局上半，鈴木一朗經典的打擊準備姿勢。（美聯社／達志影像）

2001年4月2日，對奧克蘭運動家隊的主場開幕戰，鈴木一朗在第7局下半擊出大聯盟生涯第1支安打。（美聯社／達志影像）

2006年3月20日，擔任隊長的鈴木一朗率領日本國家隊在第1屆世界棒球經典賽決賽以10：6擊敗古巴隊，拿下首屆冠軍。（美聯社／達志影像）

2012年7月23日，被交易到紐約洋基隊的鈴木一朗第一次穿上新球衣，比賽對手正是老東家水手隊。第3局上半上場打擊時，西雅圖主場球迷起立鼓掌，一朗則脫下頭盔致意，隨後打出加入洋基的第1支安打。（美聯社／達志影像）

2016年8月7日，在丹佛客場出戰科羅拉多洛磯隊，鈴木一朗在第7局上半擊出三壘安打的一瞬間。這是他大聯盟生涯第3,000支安打。（美聯社／達志影像）

2019年3月21日，水手隊與運動家隊的海外開幕系列賽第2戰（地點為東京巨蛋），鈴木一朗在第8局下半退場時，揮手向全場觀眾致意。（美聯社／達志影像）

2019年3月21日，水手隊與運動家隊的海外開幕系列賽第2戰（地點為東京巨蛋），鈴木一朗在第8局上半擊出游擊滾地球出局，但仍全力衝刺一壘。這是他大聯盟生涯的最後一個打席。（美聯社／達志影像）

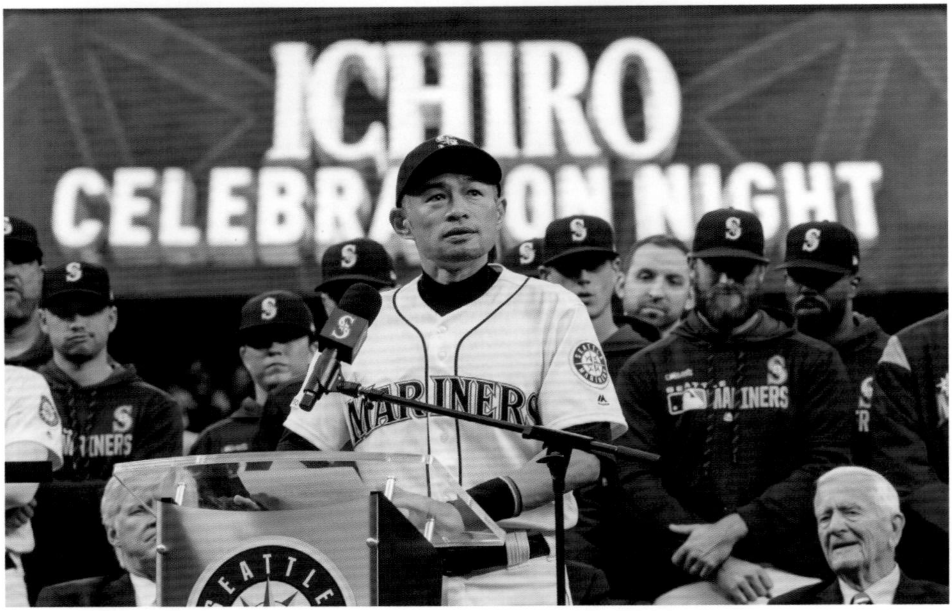

2019年9月14日，鈴木一朗獲頒水手球團終身成就獎，以英語全程演講。（美聯社／達志影像）

2020年11月26日，鈴木一朗在神戶的日本新聞協會「第73屆新聞大會」發表演說，
自承「退休後專心訓練，比以前現役時期還辛苦……47歲這年，球速還不小心變快了。」。
（美聯社／達志影像）

2021年12月18日，鈴木一朗在神戸綜合運動公園棒球場對日本女子高中棒球代表隊登板主投。48歲的一朗完投完封，單場17次三振。（美聯社／達志影像）

與神同行

Part 4

28 小久保裕紀——一句話開啟鍛鍊「人間力」的開關

問題

一九九五年在日本職棒如日中天的鈴木一朗，誰阻止他拿下當年度打擊三冠王？

答案

小久保裕紀。那一年一朗橫掃太平洋聯盟打擊王（三成四二）、打點王（八十，史上第一個專職第一棒的打點王）、安打王（一七九）、盜壘王（四十九）、最多得分（一〇四）、最高上壘率（四成三二），還包辦聯盟MVP、最佳九人、金手套等大獎。

一朗唯一漏掉的是全壘打王，那一年他打了二十五支全壘打，以三支之差輸給小久保，錯失打擊三冠王。

【神之語錄】

「我的內心有一顆亟待琢磨的石頭，透過棒球，我要讓它閃閃發光。」
——鈴木一朗

來自同一世代對手的祝福

小久保一九七一年出生於和歌山縣，與一九七三年出生、小他兩歲的鈴木一朗是同世代的選手。

青山學院大學畢業後，小久保在一九九四年加入福岡大榮鷹隊，日本職棒生涯十八年累積超過四百支全壘打、二千支安打，二〇一二年退休後隔年二〇一三年即接任日本國家隊總教練，二〇一七年第四屆世界棒球經典賽（World Baseball Classic，ＷＢＣ）帶領日本打進前四強。

二〇一六年八月十七日馬林魚客場出戰紅人的比賽，小久保特地前往大美利堅棒球場（Great American Ball Park）拜會老朋友一朗，祝賀他成為大聯盟史上第三十位三千安的選手，當然也是為了隔年ＷＢＣ日本國家隊而來。一個有趣的花絮：前一天比賽第九局上半，一朗才在這座球場打出三壘安打，這是他生涯在大美利堅棒球場的第一支安打，達成「大聯盟現役球場全數有安打」的另類紀錄。

對於一朗的生涯三千安紀錄，小久保受訪時透過翻譯表達敬意：「這是令全日本都為之動容的數字，考量他跨海挑戰的難度，這項成就不可思議。」

一朗最後雖然決定不參加ＷＢＣ日本國家隊，但他也表達對這項賽事的支持與熱情：「很明顯地，我對這項賽事非常感興趣，我期待看電視轉播，這對我是一件重要的事。」

一朗提到世界主要運動賽事，如足球，即便球員分散在世界各地不同聯盟，但只要舉辦世界盃或奧運這種國際賽事，球員都會代表自己的國家出賽：「我相信如果你有在注意世界主流運動，你會發現它們絕大部分都會舉辦大型國際賽事，來決定誰才是世界第一。就這個部分，棒球是居於落後的，我也好奇未來的發展。」

一句話開啟鍛鍊「人間力」的開關

二〇一六年，兩名年紀相仿的前日本職棒球星正走上不同的人生道路，小久保為了組織最強國家隊四處奔走，而一朗則在大聯盟為了「至少打到五十歲」的夢想而努力。雖然無緣在隔年的WBC並肩作戰，但小久保卻在一朗退休後的某次專訪中，提到兩人之間一段不為人知的故事。

就像一開始提到的，一九九四年加盟大榮隊的小久保，隔年一九九五年球季就拿下全壘打王。「我是太平洋聯盟最佳打者」的想法讓他得了大頭症，他形容自己成了「天狗」（日本傳說中的生物，比喻「傲慢自負的人」）。一九九六年一開季小久保陷入低潮，心態上也開始焦慮起來。

同時間，高中畢業就加入歐力士隊的一朗，正朝向連續第三年打擊王邁進。就這樣，兩人明星賽前一起在外野跑步熱身時，小久保忍不住問一朗：「你打球的動力從來沒有減少過嗎？」

一朗反問：「小久保桑難道只是為了數據在打球嗎？」

小久保回答：「可能吧！因為我如果沒有打出應有的數據，先發地位就不保了。」

就在這個時候，一朗凝視著小久保的眼睛，緩緩道出自己打球的動機：「我的內心有一顆亟待琢磨的石頭，透過棒球，我要讓它閃閃發光。」

聽完一朗的想法，小久保的臉一瞬間漲得通紅，他為自己問了這樣的問題而感到羞愧。一朗「磨練內在自我」的想法對他造成偌大的衝擊，自打棒球以來，小久保的目標不外乎打出成績、為球隊得分、讓自己出名，但從這一天開始，他發現自己只有打棒球是不夠的，必須提升自己，於是開始利用閒暇之餘看書，自我進修。

小久保形容一朗的這句話開啟他「透過棒球去鍛鍊『人間力』」的開關。「人間力」指的是作為一個「人」的綜合能力，而且不以學歷、技能等顯而易見的資料或數據來衡量，著重在為人處事的修養與智慧。而這正是一朗之所以能感動人心之處，絕不只是「大聯盟三千安」、「美日通算4,367支安打」等冷冰冰的數字而已。

一九九六年，當時小久保二十四歲、一朗二十二歲，兩人之間的一句閒談就此改變小久保的人生觀。從這一天開始，只要兩人相約見面或聚餐，小久保都會隨身攜帶筆記本，紀錄下一朗隨口說說卻正中他內心的一些話。例如「為準備而準備」，意思是「為了眼前的準備工作去預作準備」，而這正是一朗生涯後期不再擔任固定先發、臨時上場卻總是能維持在最佳狀態的關鍵。

「多虧有你那句話，才有我現在的棒球人生」

小久保將小他兩歲的一朗視為「永遠無法擊敗的對手」：「一般人遇到第一次見面的對手時，心裡總會謙虛地想：『我應該沒辦法擊敗他吧！』雖然一朗比我年輕兩歲，但對我來說，他就是那個我永遠無法擊敗的對手。」

一朗更是小久保心目中二〇一七年WBC日本國家隊的關鍵拚圖：「為了日本棒球，我希望他是國家隊的一員。我相信大谷翔平、山田哲人、柳田悠岐和一朗談過後，必能對自身缺點更加自覺，並思考如何將優勢發揮到極致。唯有一朗能啟發當今日本最頂尖的年輕球星，將他們帶往更高的境界。」

因為對小久保來說，一朗的一句話徹底改變了他的人生：「從那天起，我不知道對一朗說過多少次謝謝你：『多虧有你那句話，才有我現在的棒球人生』。」

29 松坂大輔——亦敵亦友，最獨特的存在

棒球是團隊運動，這是毋庸置疑的。但日本野球文化為什麼反其道而行，將特定的投打對決放大，甚而衍生出對人生具有象徵意義的「直球對決」、「男子漢對決」等名詞？

原因無他，日本將野球視為武士道精神的體現。明治四年（一八七一），美國人霍雷斯．威爾森（Horace Wilson，二〇〇三年獲選進入日本棒球名人堂）獲聘到日本第一高等學校（下稱「一高」）擔任英語教師，課餘閒暇指導學生打棒球，這是棒球運動出現在日本最早的紀錄。

一高校長木下廣次為陶冶學生的武士道精神，將運動場視同古代的武藝道場，棒球亦然。而在傳統與外來文化競合的過程中，美式棒球的娛樂風格逐漸被精神主義的日式訓練所取代，再藉由組隊與比賽，逐漸確立武

【神之語錄】

「我希望你拿出全部武器，而我必將竭盡所能。」
——鈴木一朗

士道精神的日本野球意識形態。

因此，日本人把經典的對決組合稱為「名勝負」，就是將投打對決以格鬥技的方式呈現，進而闡述武士道精神。從上古神獸時代的「澤村榮治對決貝比魯斯」，到昭和時代的「長嶋茂雄vs村山實」、「江夏豐vs王貞治」、「江川卓vs掛布雅之」，幾乎都是各個年代的縮影。

一九八九年一月八日改元平成之後，「平成名勝負」成為廣泛使用的名詞，包括「野茂英雄vs落合博滿」、「野茂英雄vs清原和博」、「伊良部秀輝vs清原和博」、「松坂大輔vs鈴木一朗」、「石井一久vs松井秀喜」等都是。日本媒體這麼比喻棒球場上「名勝負」的氛圍：

「即使在觀看電視轉播時，彼此的鬥志也從螢幕上傳遞出來。」

在上述投打組合中，松坂與一朗的對決又被譽為「平成世代內心最深的名勝負」，原因不難想像：橫跨美日的一朗，職棒生涯始於一九九二年，終於二〇一九年，恰與「平成年代」一九八九～二〇一九年高度重疊；至於平成世代雖然強投輩出，但光看松坂的綽號「平成怪物」就知道，毋庸置疑，他是這個世代最具代表性的投手。

史上最強天才打者vs平成怪物

高中就讀橫濱高等學校的松坂，高三那年（一九九八）在夏季甲子園對PL學園完投十七局二五〇球拿下勝利，決賽則投出無安打比賽，為球隊締造春夏連霸的偉業；接著亞洲青棒錦標賽以日本代表隊王牌投手的身分在決賽完投九局，擊敗由郭泓志先發、張誌家後援的中華隊；同年選秀會再以第一指名加盟西武獅隊，入團記者會上他直接點名「絕對想和代表球界的一朗選手一較高下」。

「史上最強天才打者」對上「平成怪物」，兩人生涯初對決發生在一九九九年五月十六日，當天西武巨蛋湧進爆滿的五萬名觀眾，還有球迷徹夜排隊，就連雙方隊友也感覺到這場投打對決的張力。

與一朗同梯、二〇〇一年球季結束後跟進挑戰大聯盟（加盟紅雀隊）的歐力士外野手田口壯：**「當時球場上的氛圍已經不是歐力士對西武，而是一朗對松坂，彷如這是一場只屬於他們兩人的比賽。」**

西武當家游擊手、二〇〇三年球季結束後加盟大都會隊的松井稼頭央：**「連我都期待看到這場對決，在某種程度上，我等於是特等席的觀眾。」**

一朗的鬥志也完全燃燒：**「我希望你拿出全部武器，而我必將竭盡所能。」**

一朗抱持「絕對不會被三振」的心情，自信地走上打擊區。第一局上半二人出局，壘上沒有跑者，全日本最受注目的初對決就此展開。松坂第一球是時速一四九公里的內角偏低壞球，接下來分別用時速一五三公里的速球和一三三公里的滑球搶到好球數。兩好兩壞之後的第六球，松坂投出時速一四七公里的直球對決，一朗揮空三振！

松坂當天對一朗投了七顆時速一五〇公里以上的速球，一朗給予極高的評價：

「投進好球帶的速球，我不覺得有那麼快。球的確很快，但並沒有快到讓人嚇一跳。不過

像那種稍微偏離好球帶的速球真的很有威力，不管偏高、偏外側、甚至偏低，都會讓打者在兩好球之後忍不住出棒。」

「他的投球姿勢也很棒，即便是投球時，你也很難看到他胸前的球隊標誌，這證明他的身體完全沒有開掉，所以力量才能夠集中。他的手腕和手臂也很不容易看到。」

第二個打席，抗壓性超強的松坂在二、三壘有跑者、兩好三壞滿球數、兩人出局之下，冷不防以大角度滑球讓一朗站著被三振，一朗在這個打席竟然完全沒有出棒的機會；至於第三個打席則是揮打滑球被三振。

在被問到松坂的武器球時，一朗說：「應該是滑球，滑球是他最大的特色。第二個打席被三振時，我根本無從出棒，因為他滑球的軌跡和我想的完全不一樣，比想像中變化幅度還大，根本打不到。所以第三個打席我刻意等他投內角，結果卻來了個相反的球。」

第四個打席一朗很想打安打，結果卻是四壞保送。後來一朗受訪時說：

「比賽一結束我就已經在想：『不知道什麼時候可以再碰上他？』」

「他帶給我的是那種一對一決鬥的興奮、與勝敗無關的期待。真是厲害的傢伙，竟然才十八歲，實在有點讓人嫉妒（笑）。」

這場初對決一朗三個打數無安打、連續三次三振、一次四壞球，松坂壓勝。日本媒體稱呼這場比賽是一朗的「屈辱」，因為這是他自從一九九四年菜鳥球季以來，第一次在同一場比賽連續三個打席被三振，況且他才在一九九七年締造連續二一六個打席無三振的日本職棒紀錄。

賽後英雄訪問時，松坂的這段話後來成為名言：「從今天開始，我想我已經從『自信』轉變成『確信』。」

被專家形容為「對應力」極強的一朗，第二回合對戰（六月二十三日）就以三個打數一支安打、一支高飛犧牲打扳回一城，第三回合（七月六日）則對松坂打出職棒生涯第一百支全壘打。後來他臭屁地說：「那支全壘打是在第四個打席夯出去的，但其實是誤算，因為第三個打席我就想打全壘打了！」

一流培養一流：亦敵亦友的微妙關係

菜鳥年的松坂對一朗投出十五個打數三支安打（打擊率二成）、一支全壘打、三次三振的成績，美日職棒生涯總計六十一個打數十五支安打，打擊率二成四六。雖然存在強烈的競爭意識，但更精確的說法是，兩人都將彼此視為獨特的存在。

例如，當松坂二〇〇六年球季結束後宣布挑戰大聯盟時，他就說「若不能去水手，希望可以跟一朗桑對戰」；二〇〇六、二〇〇九年連兩屆WBC都由一朗擔任隊長，松坂則蟬聯大會MVP。不論是對手還是隊友，兩人都很清楚，彼此是極少數能和自己站在同一個水平的日本選手。

二〇一八年五月三日（日本時間五月四日），一朗轉任水手球團特別顧問，剩餘球季出賽無望；重返日本職棒、轉戰中日龍隊的松坂則在四天前（四月三十日）對橫濱DeNA灣星隊先發六局失一分拿下勝投，距離他最後一場大聯盟勝投將近四年，在日本職棒更是暌違4,241天的「白星」。

回顧一朗與松坂令人回味的「平成名勝負」，日本職棒傳奇監督野村克也稱許為「一流培養一流」，或許是兩人關係的最佳寫照。

30 達比修有——用退場的身影，贏得賢拜的尊敬

二〇一七年，日本媒體票選日本代表隊在WBC史上的五大名場面，第一名你一定不陌生：二〇〇九年第二屆冠軍戰對韓國，鈴木一朗在第十局上半從韓國終結者林昌勇手上打出二分打點超前安打，第十局下半達比修有投出再見三振，日本成功衛冕冠軍。

一朗與達比修共譜日本棒球國際賽史上最經典的一幕，不過兩人年紀其實差了一輪。當二〇一九年三月水手隊到日本東京舉辦開幕系列賽前，達比修就滿懷尊敬地說：

「一朗桑是全日本最有名的人，他就跟神一樣，這就是為什麼這個系列賽對日本球迷意義重大的原因。」。

「一朗桑的成功激勵我成為大聯盟選手，野茂英雄也是。

【神之語錄】

「他讓我留下好印象的不只是投球內容，更是因為他被換下場時，面對全場觀眾起立鼓掌，他卻沒有脫下球帽致意，你可以感覺到這是他對自己投球表現不滿意的自然反應。這是自尊心使然，是一種很好的心態，也是我喜歡他的地方。」

——鈴木一朗

野茂和我一樣是投手，但即便一朗是打者，他們在大聯盟的成功對我都是非常大的激勵。一朗證明了一件事：就算日本球員不夠強壯、爆發力不夠強，但他展現了我們能達到的境界。」

「隱藏版」生涯初對決

高中畢業後在二〇〇四年選秀會加盟日本職棒北海道日本火腿鬥士隊的達比修，他和一朗在日本職棒並沒有重疊，所以兩人在職棒場上的第一次對決，已經是二〇一二年達比修加盟德州遊騎兵隊之後的事了。

但很少球迷知道，相差將近十三歲的兩人，早在二〇〇六年就有一次「隱藏版」投打對決。二〇〇六年二月二十四日，王貞治率領「侍Japan」（日本代表隊）進軍WBC之前，曾經和日本職棒十二支球團聯隊（也就是陪練的「靶子隊」）進行比賽，年僅十九歲的達比修正是日職聯隊的成員。

對照當時達比修的青澀瘦削、一臉稚氣，連球帽都戴歪了，另一邊的一朗則是一派輕鬆，在球員休息區與谷繁元信、松中信彥、打擊教練大島康德談笑風生，形成強烈的對比。

這場比賽在日本稱為「壯行試合」，雙方先發投手分別是WBC日本代表隊的上原浩治對上日職聯隊的達比修。雖然只是表演賽的性質，但這場在福岡巨蛋舉行的比賽吸引超過一萬八千名觀眾進場。

第一局下半，WBC日本代表隊開路先鋒鈴木一朗率先登場，達比修投了一記外角大壞球之後，下一球一投進好球帶腰帶附近高度，馬上被一朗輕鬆掃成右外野平飛安打。

下一棒西岡剛觸擊成三壘方向內野安打，一朗上二壘，接著靠連續的內野滾地球和游擊手失誤攻下二分。達比修在這場比賽僅先發1.1局就狂丟七分（六分自責分），最終WBC日本代表隊就以七：〇擊敗日職聯隊。一朗對決達比修的第一個打席是一壘安打，第二個打席則是四壞保送，壓倒性獲勝。

用退場的身影，贏得賢拜的尊敬

二〇一二年四月九日，達比修在大聯盟初登板的對手，無巧不巧正是水手隊。第一局上半在達比修投出大聯盟生涯第一次三振之後，一朗持棒走進打擊區，全場遊騎兵球迷馬上由歡呼聲轉為噓聲，顯見主場球迷也意識到這場日本最強投打對決即將上演。

轉播單位賽前介紹達比修是「二〇〇五～二〇一一年日本職棒防禦率、奪三振、投球局數、被打擊率、完投場數、完封場數第一名的投手，有四個球季主投超過二〇〇局／二〇〇次三振／十場完投」，無怪乎遊騎兵球團要花費1.117億美元（5,170萬美元入札金和六年6,000萬美元合約）鉅資從日本挖角，打破二〇〇六年松坂大輔1.031億美元挖角的舊紀錄。

達比修是日本職棒最佳投手無誤，可是別忘了，這裡是大聯盟。

第一局達比修投了四十二球狂丟四分，第二局一朗二壘安打後回本壘攻下第五分，二〇〇六年WBC「壯行試合」被打爆的慘劇彷如再次重演。

但也別忘了，職棒七年資歷、二十五歲的達比修已不是當年的小菜鳥，他隨即穩定下來，直到第六局退場前沒有再失分，還一度連續解決十名打者，靠隊友在第三、四兩局各攻下三分，最後逆轉拿下大聯盟生涯首勝。

至於身為賢拜的一朗在前六局就演出猛打賞（單場三支安打），但他對達比修讚譽有加：「他讓我留下好印象的不只是投球內容，更是因為他被換下場時，面對全場觀眾起立鼓掌，他卻沒有脫下球帽致意，你可以感覺到這是他對自己投球表現不滿意的自然反應。這是自尊心使然，是一種很好的心態，也是我喜歡他的地方。」

自尊心，是邁向卓越的原動力

雖然鈴木一朗大聯盟生涯對戰達比修有的紀錄是二十四個打數八支安打，打擊率高達三成三三，僅有三次三振，但達比修從大聯盟第一年（二〇一二）對決一朗的十一個打數六支安打，進步到第二年（二〇一三）的六個打數一支安打，再到第三年（二〇一四）的五個打數無安打、二次三振，達比修用球技、也用態度贏得賢拜的尊敬。

許多人常將自信心與自尊心混為一談，事實上兩者是截然不同的觀念。自信心是相信自己能做到某一件事，通常可以從外顯的成就（如觀眾的掌聲、三振與勝投紀錄）獲得滿足；但自尊心則是對自我價值的重視與肯定，不會因為外界觀感而受到影響。

達比修在二〇二〇年球季拿下國家聯盟賽揚獎票選第二名，二〇二三年合約到期後美日職棒總收入將達到218億4,265萬日圓，超越一朗美日生涯二十八年累計204億6,860萬日圓。但早在二〇一二年職棒初對決的那場比賽，一朗就已經看到了⋯自尊心，是督促達比修邁向卓越的原動力。

31 前田健太的人生目標——三振イチロー

挑戰大聯盟一直是日本職棒前廣島東洋鯉魚隊強投前田健太的夢想，但對這個大聯盟生涯前四場先發拿下三勝〇敗、只失一分的強投來說，這一天，他卻比初登板還要緊張。

由衷仰望的棒球選手

二〇一六年四月二十五日，馬林魚隊作客洛杉磯準備展開與道奇隊的四連戰。賽前熱身結束後，前田在牛棚拉了張椅子坐下來，當時牛棚空無一人，他不是這場比賽的先發投手，也不是要為下一次先發熱身。

他在等人。

當目標出現在眼前時，前田馬上站起來，快步迎上去，脫下球帽，恭謹地自我介紹：「很高興見到您，我叫前田健太。」

【神之語錄】

「如果一個中等身材的普通人都能改寫紀錄，而小朋友發現到這一點，這就足以讓我感到欣慰了。」
——鈴木一朗

這是小學生的自我介紹嗎（笑）？所以你不難想像前田見到偶像有多緊張了。

前田形容一朗是「全日本的象徵」。這種感覺其實也不難想像：對於台灣的五、六、七年級運動迷來說，一九九〇年代的麥可・喬丹、野茂英雄、鈴木一朗，不也被當神一樣地崇拜？

一朗和前田相差十四歲，想像一下，當一朗在日本連續七年拿下太平洋聯盟打擊王時，前田差不多是幼兒園與小學那個年紀，不難想見那個年代不只前田，日本有多少棒球迷對一朗是如何瘋狂的崇拜。

前田對於自己崇拜一朗完全不覺得奇怪，他曾在受訪時說：

「一朗是我這輩子看比賽看得最多、由衷仰望的棒球選手。」

「不同世代有不同世代的偶像，但我很確定在我這個世代，一朗就是第一名。雖然在這之前有王貞治，但因為我從沒看過他在場上比賽，所以一朗一直是我心目中的第一名。」

學生時代的前田，房間牆上就掛著一朗的海報，書包貼有一朗的貼紙。在專職投手之前，前田身兼學校足球隊隊員和棒球隊游擊手，當時他為了模仿一朗的打擊姿勢而下足苦功，但畢竟左打、右打有別，最後他放棄了。所以現在前田的打擊姿勢已經看不到一朗的影子，而且前田後來也以投手身分，在日本職棒及大聯盟大放異彩。

一朗在二〇〇一年穿上水手隊球衣時，前田才十三歲，當時幾乎每場水手隊比賽都在日本轉播。雖然因為時差的關係，日本當地時間通常是從上午十一點開打，還在就學的前田看不到比賽直播，但每天賽後精華都會在晚間各節新聞強力放送，而前田總是守著電視不會錯過。

人生目標：三振イチロー

十五年後，一朗的比賽動態還是會出現在日本的晚間新聞，只不過他已不再是當年那個先發第一棒及不動右外野手。兩人會面當下，一朗在馬林魚開季前二十場比賽只有寥寥二十三個打席，但這絲毫無損前田對他的崇拜。

唯一的差別在於，隨著前田球技更趨頂尖，這種崇拜也轉化為想和偶像對決的動力。前田說：「我從來沒想過我們有機會同場比賽，更不敢想像能和他在場上對決。如果有可能，這將是我一輩子最大的榮耀。」

二〇一六年二月初，朝日新聞專訪前田問到同樣的問題：「你最想對決的大聯盟打者是誰？」前田回答：「我真的很想對決鈴木一朗，因為從我念小學就開始崇拜他，一直為他加油。真希望在我棒球生涯結束前能和他來場投打對決，哪怕只有一個打席也好。」

至於他有想像過和一朗對決的結果嗎？前田回答：「我猜他一定會從我手上打出安打，但只要我能三振他一次或讓他出局，這對我的自信心將是很大的加分。」

在馬林魚與道奇四連戰最後一役、表定由前田先發的比賽，佛心來著的馬林魚教練團將一朗排在先發第六棒，這可是一朗暌違四場比賽以來的再次先發。而前田想三振一朗的夢想比想像中還來得快，在雙方對決的第一個打席就實現了，而且是三球三振（第一球打成界外，第二球判定好球沒出棒，第三球揮空）！

要比較的人，永遠是自己

一九九一年高中畢業後在日本職棒選秀會以第四輪入選歐力士，當時一朗身高一七七公分，體重只有五十六公斤，這樣的身材連部分日本職棒球團都望之卻步，遑論大聯盟球團。

身為同胞的前田在大聯盟也面臨同樣的困境，身高一八五公分、體重八十三公斤，前田常被質疑無法在大聯盟勝任先發投手。而一朗正以自己的成功，為亞洲運動員樹立標竿與典範：「我不是大個子，我希望小朋友看到我就能知道我不是肌肉發達或體格壯碩的球員，我只是個中等身材的普通人。所以如果一個中等身材的普通人都能改寫紀錄，而小朋友發現到這一點，這就足以讓我感到欣慰了。」

若要問一朗在球場上被日本棒球後輩三振是否會覺得難堪？我相信一朗會說「因為我該做的準備都做了，所以就算被三振，我也不覺得羞愧」，況且「要比較的人，永遠是自己」。

這些超越野球的人生智慧，就算在上班族身上也能一體適用，可不是嗎？

32 佩卓・馬丁尼茲——相知相惜的終身假想敵

下面這段話摘自二〇〇一年五月一日《西雅圖郵訊報》（*Seattle Post-Intelligencer*）報導，當日正是兩人在大聯盟賽場上的第一次投打對決。

相差兩歲，同樣以身材瘦削著稱（兩人紀錄上同為一八〇公分，體重只差二公斤），來自多明尼加的「神之右手」佩卓・馬丁尼茲與來自日本的「朗神」鈴木一朗，在強大的競爭意識之下，兩人之間其實存在著相知相惜之情。

「禁藥時代」最具宰制力的投手

年輕一輩的棒球迷一定聽過佩卓・馬丁尼茲這個名字，傳說中的「神之右手」。但如果沒有經歷過那個年代，你也許永

【神之語錄】

「我渴望對決所有大聯盟投手，但最期待的還是佩卓・馬丁尼茲。他是一九九六年美日明星賽大聯盟明星隊訪日的成員，當時還沒成為超級巨星。我很渴望去看看這幾年他進步了多少，而我在面對他時，自己又進步了多少。」

——鈴木一朗

遠無法想像他到底有多強。

馬丁尼茲的球員生涯止於二〇〇九年，大聯盟十八年拿下二一九勝（另一〇〇敗）、通算防禦率2.93，三座賽揚獎、一九九九年美國聯盟投手三冠王、五次防禦率王、三次三振王、一次勝投王、八度入選明星賽，尤其是歷經「禁藥時代」這個打者最具攻擊力的時期，無怪乎有專家認為他是大聯盟史上最具宰制力的投手，二〇一五年首度獲得投票資格就入選名人堂。

對照二〇一〇年代最強的左投手科蕭（Clayton Kershaw），下面兩個數據適足以說明全盛時期馬丁尼茲的驚人宰制力：

1. 科蕭在二〇一五年達成單季「三〇〇K」的里程碑，他只用232.2局就投出三〇一次三振（每九局11.6次三振）。至於大聯盟史上投最少局數達成單季「三〇〇K」的投手是誰？就是馬丁尼茲，一九九九年他在213.1局投出三一三次奪三振，每九局高達13.2次三振！而且別忘了，一九九〇年代末期可是邦茲（Barry Bonds）、馬怪爾（Mark McGwire）、索沙等怪物橫行的禁藥時代。
2. 科蕭在二〇一三、一四年連莊賽揚獎，這兩年的「標準化防禦率」（ERA+，Adjusted Earned Run Average Plus）高達一九六。至於馬丁尼茲呢？他在一九九七～二〇〇三年的標準化防禦率是不可思議的二一三，而且這還是連續七年合計。

「我見識到這些大聯盟好手，而且我想和他們一起打球」

將話題回到日本職棒以及一朗身上。一九九六年，一朗連續第三年拿下太平洋聯盟打擊王、安打王與年度MVP，已然奠定他「日本第一人」的地位。球季結束，率領歐力士隊拿下聯盟冠軍之後，全國開始期待他們在「日本一」系列賽與傳統豪門讀賣巨人軍的對決。一九九六年十月十一日「日本一」門票開賣第一天，東京巨蛋前排隊買票的球迷就打破了歷史紀錄。

而在歐力士以四勝一敗擊倒巨人拿下「日本一」之後，新的挑戰來了，日本球迷開始好奇這個年僅二十三歲就制霸全日本的天才打者，能不能抗衡大聯盟投手。而這一年稍晚的美日明星賽，就成為一朗的試金石。

一九九六年大聯盟明星隊成員包括馬丁尼茲、小瑞普肯（Cal Ripken Jr.）、邦茲、皮耶薩等名將，以四勝二敗二和帶走最終勝利，但一朗依舊是全場焦點所在。他在這個系列賽十一個打數擊出七支安打，尤其是第一戰對上韓特根（Pat Hentgen）和馬丁尼茲三個打數二支安打，另有二次四壞球，率領日本明星隊以六：五拿下令人驚奇的首勝；之後對決野茂英雄的第一個打數又是安打；最後一戰再度對上韓特根與馬丁尼茲，又是五個打數三支安打，聲勢如日中天。

不只日本媒體、球迷，就連大聯盟也好評不斷。前羅德隊監督、大都會隊總教練瓦倫泰認為一朗是「全世界最強的五名棒球選手之一，他是真正的大物」，強打捕手皮耶薩則相信他可以在大聯盟獲致成功。

當媒體將上面這些好評轉述給一朗時，一朗開玩笑說：「我當然可以去啊，但應該只能當球僮吧！」

不過玩笑歸玩笑，當時在一朗心中早就埋下挑戰大聯盟的種子，即便受限於合約，但賽後他仍告訴媒體：**「我見識到這些大聯盟好手，而且我想和他們一起打球。」**

這一天很快就到來了。二〇〇一年五月一日，紅襪先發投手馬丁尼茲對上水手開路先鋒鈴木一朗，第一個打席是中外野飛球出局；第二個打席一朗巧妙打成投手後方的飛球，落地形成內野安打，等游擊手格雷貝克（Craig Grebeck）接到球時，一朗早就通過一壘壘包，在拆卸自己的護肘了！對於一朗的巧打以及過人的跑壘速度，馬丁尼茲也只能看著一壘方向搖頭苦笑。

一朗在這場比賽對馬丁尼茲四個打數一支安打，比賽結束後，一朗帶著球到記者室等馬丁尼茲簽名。在大投手面前，一朗就跟一九九五年與「籃球之神」喬丹會面時的表情一樣，活脫是個小球迷。

相知相惜的終身假想敵

總結一朗大聯盟生涯對決馬丁尼茲二十三個打數只有五支安打，打擊率／上壘率／長打率為二成一七／二成八〇／二成一七，OPS只有四成九七，這當中還包括二〇〇二年五月十八日馬丁尼茲對水手隊投出大聯盟史上第五十八次「完美一局」（immaculate inning，意指投手單局只投九球，九球都是好球，而且投出三次三振）。即便一朗是大聯盟最難被三振的打者之一，但面對馬丁尼茲如此會跑的華麗投球，也只有三球三振的份。

總結馬丁尼茲大聯盟生涯對水手十三勝一敗，防禦率低到只有1.57，一〇三局投出多達一三七次三振，「神之右手」稱號當之無愧。

睽違四年半，從日本職棒到大聯盟，面對這個生涯最強大的假想敵，一朗推崇備至：

「他的球種又增加了，不但如此，原本的投球能力也更強了。無論如何，他已經具備投手應該有的所有能力，一個偉大投手應該擁有、而且想像得到的能力他都有了，再加上他非常聰明，會根據對手做調整。」

「通常投手若是改變自己平常的投球模式，很容易擾亂自己原本的投球，但他卻可以輕易做到。」

「他並不會以固定模式投球，而是解讀對方打者的心理，自在地切換自己的投球方式。」

當一朗得知馬丁尼茲在對水手賽後心有不甘地說「就是沒辦法三振一朗」，他深感榮幸：

「如果我能讓這樣的投手認真起來，那真是太開心了！」

事實上在馬丁尼茲退休後，二〇一五年五月宣傳同名自傳新書《*Pedro*》（中文書名為《神之右手：佩卓．馬丁尼茲自傳》）期間，他被問到「大聯盟生涯對戰過最難解決的五名打者」時，一朗就是其中之一。以下是他與這五名打者的對戰紀錄與簡評：

1. 邦茲

四十三個打席，打擊率三成三三／上壘率四成八八／長打率五成七六，OPS 1.064，一支全壘打

這數據很驚人嗎？但這大概就是顛峰時期邦茲面對一般投手的打擊數據。馬丁尼茲對此也不想多解釋，他只說：「因為你面對的是邦茲。」

2. 艾德格・馬丁尼茲

二十五個打席，打擊率一成二〇／上壘率三成三三／長打率一成二〇，OPS 四成五三，全壘打〇

馬丁尼茲：「他不但超有耐心，而且還能把投手的好球一再打成界外。」

3. 基特

一二一個打席，打擊率二成七一／上壘率三成五〇／長打率四成三九，OPS 七成八九，全壘打四

基特是馬丁尼茲生涯對戰過最多打席的打者，比第二名的伯尼・威廉斯（Bernie Williams）足足多了十五個打席。身為名人堂球星，基特的打擊表現也比其他洋基明星隊友來得好，包括威廉斯（OPS六成四九）、波沙達（Jorge Posada，OPS 七成六〇）、A-Rod（OPS七成三〇）、歐尼爾（Paul O'Neill，OPS 五成四〇）。

4. 洛夫頓（Kenny Lofton）

六十五個打席，打擊率三成四五／上壘率四成〇六／長打率四成四八，OPS 八成五四，全壘打一

洛夫頓一直是被低估的打者，但從數據不難看出他對馬丁尼茲的破壞力，而且馬丁尼茲很難三振他——六十五個打席只三振過六次。

5. 鈴木一朗

二十三個打席，打擊率二成一七／上壘率二成八〇／長打率二成一七，OPS 四成九七，全壘打〇

就如同隊友艾德格一般，一朗對戰馬丁尼茲的生涯打擊數據其實糟透了，但為什麼他們卻是馬丁尼茲心目中最難解決的打者？這說明了棒球場上的一種實務現況：對許多投手和打者來說，投打對決的實際感受往往與數據有落差。

就如前述，馬丁尼茲生涯對戰一朗、艾德格甚至水手全隊，在數據上都取得壓倒性的勝利，但投手在比賽中卻完全無法感受到對戰的優勢，因為就如他所言，一朗經常破壞他的好球，逼得他必須拿出絕活中的絕活來力拚。

投打之間彼此考驗卻又相知相惜，馬丁尼茲與一朗就是最好的例子。

33 荷西・費南德茲——在古巴，一朗就是神

在〈前田健太的人生目標：三振イチロー〉文中述及，前田健太在首次對戰鈴木一朗的這場比賽投出一次三振、二次內野飛球接殺，與偶像初對決獲得全勝，但他第七局上半解決一朗之後卻被馬林魚打線連下三城，吞下赴美以來的初黑星（敗投）。

贏得此役勝投的則是馬林魚二十三歲王牌投手、同年（二〇一六）九月二十五日船難身亡的荷西・費南德茲（José Fernández）。一九九二年出生於古巴的費南德茲，二〇〇一年一朗加盟水手時他才八歲，在古巴見證了一朗渡海挑戰的傳奇。

在古巴，一朗就是神

日本對古巴棒球好手的嚮往由來已久，早在一九九九年金鶯隊到

【神之語錄】

「在古巴，一朗就是神，每個人都發狂似地愛他，崇拜他打球的方式。」

——荷西・費南德茲（古巴裔，馬林魚王牌投手）

古巴展開破冰之旅前，古巴政府就已經同意將古力歐（Lourdes Gourriel）、梅薩（Víctor Mesa）等好手輸出到日本打業餘棒球，隨後包括李納列斯（Omar Linares）、金德蘭（Orestes Kindelan）等頂級球星更成為日本職棒的洋助人。

只是日本球迷萬萬沒想到，秉持武士道精神與古代武士中心思想、尊敬比賽、嚴以律己的鈴木一朗，才是球風豪邁的古巴棒球員崇拜的偶像。

二〇一六年五月二十一日，賽前臨時接替先發擔任開路先鋒的一朗四個打數四支安打、外加一次四壞保送，成為馬林魚以三比二擊敗國民的靈魂人物。順利拿下當季第六勝的費南德茲賽後受訪時這麼說：「對我來說，一朗就是神。包括他的工作態度、打球方式，以及對比賽的尊敬。」

一朗是神？如果你以為這只是年輕後輩的隨口恭維，那可就錯了。因為這不是費南德茲第一次這麼說，早在前一年（二〇一五）三月一朗加盟馬林魚隊的第一次春訓，費南德茲就曾對記者說過類似的話：

「在古巴，一朗就是神，每個人都發狂似地愛他，崇拜他打球的方式。」

「就我的觀察，在古巴，一朗比許多大聯盟球星還要出名，甚至比古巴當地棒球選手還要有名。能和他成為隊友，真是太不可思議了。」

棒球是跨越語言的橋樑

棒球是跨越語言的橋樑，對一朗是如此，對費南德茲亦復如是。

剛到美國念高中的費南德茲告訴棒球隊教練說，自己在古巴很會打棒球，一開始教練嗤之以鼻，心想：「每個想參加棒球隊的新生不都這麼說嗎？」

於是費南德茲被教練刻意排在最爛的分組，他心知肚明，也自知被瞧不起。可是當他撿起地上的球時，一切都改變了：

「在此之前，沒有人想跟我說話。但在他們看過我投球之後，所有人搶著跟我聊天，而且試著跟我說西班牙文！就連女生也主動來找我。」

「我不喜歡受歡迎，我寧可低調、謙遜一些。但對於當時的我來說，受歡迎總比被遺忘好太多了。」

二〇〇一年剛到西雅圖，飽受媒體、球評、專家質疑的一朗，不也經歷過這段過程？

費南德茲從十五歲開始嘗試偷渡到美國，前三次被遣返古巴後還因此坐牢，二〇〇七年第四次偷渡過程中還跳海拯救溺水的母親。他從大海得到自由，卻將生命還給大海，人生，何其諷刺。

二〇一六年八月七日，一朗在客場達成大聯盟第三千支安打的里程碑，球團原本計畫在球季結束前回主場舉辦慶祝儀式，卻因遭逢費南德茲船難猝逝而取消。同年九月二十六日，也就是意外發生的隔天晚上，馬林魚全隊穿上費南德茲的十六號球衣上場，賽後一朗將身上的球衣送給古柏鎮（Cooperstown）棒球名人堂珍藏。

對於這個天才橫溢、年紀卻足以當他兒子的前隊友，這是一朗表達追思的方式，而費南德茲米老鼠般的笑容，以及在場邊扭屁股偷學一朗打擊姿勢的身影，或許是他在邁阿密三年間最悲傷的回憶。

34 耶律齊——聯盟打擊王與MVP的傳承

一個夏日陽光的西岸午後，剛修剪過的草皮散發濃郁的大自然氣息。棒球場上，嬉鬧聲和加油聲中，一個九歲男孩拎著球棒走進打擊區。

男孩站定位置後上半身微向前彎，兩膝內夾，右手握住球棒握柄的尾端，在臉和胸前畫出巨大的弧線，接著立直球棒，瞄準投手，左手順勢擦擦臉頰，再拉了一下衣袖。

鈴木一朗？不，這是密爾瓦基釀酒人隊球星耶律齊。

無可比擬的人生經歷

在被問到這段往事時，耶律齊笑著說：「對，模仿一朗獨特的打擊準備姿勢，這就是我小時候最愛玩的遊戲。」

【神之語錄】

「身為職業選手，我們有責任為球迷上演一場精采的秀，而安打和全壘打正是他們想看的。」

——鈴木一朗

耶律齊的兒時偶像是前洋基球星基特，就是二〇一八年一月二十五日將他交易到釀酒人隊的馬林魚球團老闆兼執行長。耶律齊說：「當有這麼一天，你可以和準名人堂球星一起上場比賽，這已經是無可比擬的人生經歷了。雖然我從小的偶像是基特，但對一朗的尊敬可從來沒少過。我無法想像自己長大後竟然有機會和他成為隊友，這是我在馬林魚生涯最難忘的時刻。」

二〇〇一年一朗渡海挑戰大聯盟，他率領水手隊締造單季一一六勝紀錄，拿下美聯打擊王、安打王、盜壘王、聯盟MVP、新人王、外野手銀棒獎及金手套獎，入選明星賽，那一年耶律齊只有九歲。

二〇一〇年，馬林魚隊在選秀會第一輪第二十三順位選上即將高中畢業的耶律齊。五年後，二十三歲的耶律齊與一朗成為隊友。

二〇一五年二月二十三日，馬林魚球團在春訓基地羅傑狄恩球場（Roger Dean Stadium）舉辦一朗的新合約記者會，耶律齊做的第一件事，竟然是帶著媽媽到停車場堵人，然後向媽媽介紹這個從小崇拜的傳奇球星。

在與一朗共同參與馬林魚春訓之後，耶律齊表達他對一朗的崇拜：

「你可以觀察他如何備戰一個球季、一場比賽，甚至一個打席，任何時候你有任何問題，你都可以汲取他的智慧，若他能幫助到你，他會覺得再高興也不過。」

「他沒有架子，跟其他隊友沒有兩樣，我們在這個春訓相處得很愉快，他太令人驚奇了。」

隔年（二〇一六）八月七日一朗在庫爾斯球場（Coors Field，洛磯隊主場）達成大聯盟生涯三千安里程碑之後，耶律齊在社群媒體放上兩人休息區擁抱的照片，下面寫著：「恭喜一朗打出生涯第三千支安打，能和你效力同一隊並親眼見證你寫下歷史，是我的榮耀。謝謝你，也恭喜你擁有名人堂等級的球員生涯。」

打擊王與MVP的傳承

在馬林魚同隊的三年間，一朗與耶律齊亦師亦友，但因守備位置同為外野手，兩人彼此間也存在良性的競爭意識。例如二〇一六年五月二十一日，一朗取代背部肌肉痙攣的左外野手耶律齊擔任先發，並重回開路先鋒位置之後，他在接下來連續三場比賽敲出十支安打，打擊率從三成一九飆升到四成一七。

二〇一六年球季，時年四十二歲的一朗被定位在替補外野手及代打，年薪二百萬美元也只有顛峰時期的九分之一，這或許反映球團對他期待不高，但光是一朗對年輕隊友的影響力，就值得這份薪水了。特別是耶律齊，如他所言，他從一朗身上學到許多，後來在二〇一八～一九連兩年拿下國家聯盟打擊王，二〇一八年獲選國家聯盟MVP。

二〇一九年三月二十一日一朗在東京巨蛋宣布退休，耶律齊則在社群媒體獻上祝福：「能稱呼你為隊友、朋友，是一種榮幸。恭喜你，名人堂等級的球員生涯！」

35 高登——イチローの愛弟子

馳名美日職棒超過四分之一世紀的鈴木一朗，不僅在太平洋兩岸都享有極高的知名度，他對日本職棒後進的影響尤其深遠，包括松井稼頭央、青木宣親，都曾經被譽為「一朗接班人」。

但非日籍球員呢？

論打擊型態、論私交，曾經在馬林魚、水手有同隊之誼的高登（Dee Gordon）絕對是首選，日本媒體甚至為他冠上「イチローの愛弟子」的名號。

「放手打球，全力揮棒」

事實上就連一朗自己也這麼覺得。當高登在二〇一五年五月中旬仍以四成打擊率遙遙領先全大聯盟之際，一朗在賽後受訪時就承認高登確實讓

【神之語錄】

「我認為內野安打的迷人之處，在於它需要更高超的技巧。」

——鈴木一朗

他想到十四年前的自己。因為十四年前，一朗跨海挑戰大聯盟就是二十七歲，剛好就是當時高登的年紀。

在被問到這個問題時，一朗難得直接以英語回答：「他確實和我很像，包括他的安打、跑壘，我想我也是這樣打球。他能點、能打反方向，看他打球刺激而充滿樂趣，是非常棒的選手。」

半個月後，一朗又在另一次受訪這麼形容高登：「你看他，五呎十一吋（一八〇公分）、一七〇磅（七十七公斤）的身材跟我好像，而且我們都用腿跑出不少安打，所以你可以說我們是同一類型的球員。雖然之前我從來沒和他談過我的棒球哲學，但當我第一次看到他以及他打球的方式，我就知道他擁有許多我也同樣擁有的東西。」

雖然相差十五歲，但一朗和高登之間卻有著超越隊友的交情。

當一朗第一次現身馬林魚春訓基地時，高登看到一朗用來裝球棒的金屬提箱，他問一朗哪裡可以訂做。結果一朗不但訂做一個給高登當禮物，他還貼心地將外盒漆成馬林魚球隊的代表色，並在箱底漆上高登的球衣背號九號。

在被問到為什麼要用客製化的金屬提箱來運送球棒，慣用三十一盎司重量球棒的高登代替一朗回答：「提箱能防止木棒受潮而變重，並維持固定重量。」

有趣的是，當記者問到這個防潮金屬提箱是否就是一朗能打出這麼多安打的原因，一朗卻幽了記者一默：「很明顯，我是用裡面的木棒來打安打，不是用箱子打球哦！」

二〇一五年九月三十日對光芒五個打數只有一支安打，高登的打擊率微幅下滑到三成三一一，與暫居國聯打擊王的強打哈波（Bryce Harper）的三成三一三只有萬分之二的差距。對於這個大有機會競逐聯盟打擊王的小老弟，一朗給了五字箴言的建議："Rake first, swing the bat."

"rake"是什麼意思？維基百科"Glossary of Baseball"是這樣定義的：「現代棒球名詞，意指放手用力擊球，將球打到球場各個角落。用"raking"來形容，就代表你真的打得非常好。」所以一朗給高登的五字箴言，是不是可以翻譯作「放手打球，全力揮棒」？

感覺是再平凡也不過的一句話，但高登聽到一朗的「神建議」後卻頻頻點頭說：**「放手打球，這是我聽過最好的建議。」**

那就讓數據說話吧！在一朗建議的隔天（十月一日），高登四個打數無安打，再隔天（十月二日）因雨延賽，接著似乎開竅了。他在接下來十月三日的雙重賽十個打數四支安打，打擊率再度超前哈波。更重要的是他在第一場比賽的二支安打達到單季兩百安的個人里程碑，還有二次盜壘成功，以單季五十八次盜壘成功超越漢彌爾頓（Billy Hamilton）的五十七次，也由於後者該季不會再上場，因此高登篤定拿下國聯盜壘王。

不敢說一朗的建議一定能對高登發揮立竿見影的效果，但至少我們在這個寡言內斂的日本棒球傳奇身上，看到他一貫的精簡用字，以及從不間斷的身教。畢竟對照當時高登為了拗保送上壘而偶有等球等過頭，或刻意不全力揮棒想製造內野安打等狀況，「放手打球，全力揮棒」

其實還蠻受用的，可不是嗎？

言簡意賅卻切中要害的「神建議」

將話題回到國聯打擊王之爭。十月四日是當年度大聯盟例行賽的最後一天，賽前高登以三成三〇六的打擊率落後哈波的三成三〇八屈居第二，兩人在這一天同時出賽，彼此每次打擊的結果都牽動聯盟打擊王誰屬。結果呢？

第一局上半，高登在首局首打席抓住全場比賽的第一球，一棒掃成右外野全壘打牆上的二壘安打，伴隨哈波首打席無安打，高登以三成三一七再度超越哈波的三成三〇一。

第三局上半的第二個打席，高登又抓住投手的第一球夯出右外野觀眾席的全壘打，打擊率再度上升到三成三三！

我不知道高登打擊時心裡在想什麼，但當我在比賽直播看到這兩次打擊時，我的腦海裡一直浮現一朗說的「放手打球，全力揮棒」這句話。

高登並沒有為了拚打擊率而想方設法打短程安打，相反地，他「全力揮棒」，結果當年度只有三支全壘打、生涯截至當時累計七支全壘打的他，第一個打席正中全壘打牆，第二個打席飛出牆外；此外，他沒有因為過度謹慎而多看幾球，反而連續兩個打席都抓第一球就打，「放手打球」。

或許一朗想要表達的理念是：在棒球場上不必長篇大論，有時言簡意賅但切中要害的一句話，就能讓球員心領神會，在比賽中不斷從心裡流過。

什麼叫做神建議？這就是神建議。

當高登第二個打席擊出全壘打回到休息區之後，馬林魚全隊簡直要暴動了，在一連串擊掌慶祝後，高登看到休息區另一端、最後一個微笑等待他的一朗，兩人四目相接之後頓了一下，隨即張臂擁抱！這個畫面也在比賽中不斷重播。

第三個打席，高登在一好三壞時不等保送，又出棒打成一壘方向的穿越安打，三支三，打擊率上升到三成三三八七，同時間哈波二個打數無安打，打擊率下滑到三成二九四七。此刻高登不但幾乎確定拿下打擊王，甚至有機會挑戰「完全打擊」（只差一支三壘安打）。What a game！

二〇一五年，高登成為一九四九年黑人傳奇球星傑基．羅賓森（Jackie Robinson）之後國家聯盟第一個打擊王兼盜壘王，同時還拿下安打王、金手套獎，成為大聯盟史上同一季拿下打擊王、盜壘王、安打王、金手套的第二人。

至於史上第一人是誰？正是鈴木一朗！

「能被他稱呼為朋友，真是不可思議」

二〇一九年三月二十一日，一朗在東京巨蛋完成職棒生涯最後一個打席、退場接受隊友祝賀時，「愛弟子」高登對他深深一鞠躬，一朗回以"No, come on."，接著兩人緊緊擁抱。

攝影鏡頭捕捉到高登的臉頰流下淚水，高登搞笑回應，「我聽不懂你們在說什麼，那是汗。」

但被問到與一朗的師徒之情，高登馬上收起嘻笑，滿是敬意：

「我是極少數真正問他問題的球員之一。我不在乎自己問太多，也不在乎他是否會生氣，因為我就是想向他學習，而他也引我入門。靠！那座打擊王（二〇一五年打擊率三成三三，國聯第一）有部分就是因為他。」

「自私地想，我好希望他繼續打球。他是我兄弟，是我的家人，我會想念他，想念所有一起比賽以及沒有比賽的日子，包括球季結束後回到球場，發現他還在自主訓練……我會懷念我們之間的對話，他是搭機時坐在我旁邊的人，他是我的摯友。」

「我出身佛羅里達一個小鎮，而他則是來自日本、更是有史以來最偉大的日籍球員，能被他稱呼為朋友，真是不可思議。」

鐘擺打法

Part 5

36 從一本足打法到鐘擺打法

小學六年級的鈴木一朗，在畢業作文寫下「高校畢業後加入職棒，目標是中日龍隊和西武獅隊」的夢想。事實上愛知縣當地的中日、鄰近地神戶的歐力士、甚至東京近郊埼玉縣的西武，都曾經派球探觀察一朗。

中日當然是父親宣之的首選。由於地緣關係，從小在愛知縣名古屋市長大的宣之長期以來就是中日的死忠球迷，而在家庭工廠邊工作邊聽收音機傳來的中日賽況，就成為他唯一的樂趣。只是選秀會前中日球團內部的一場人事異動，陰錯陽差地消除一朗效力中日的機會。

從高一開始就與一朗父子熟識、而且以發掘野手見長的中日球探在選秀前遭調職，取而代之的球探則以發掘投手見長，在評估一朗沒有擔任職棒投手的才能之後，中日完全沒有指名一朗的打算。

反觀同為愛知縣出身的歐力士球探三輪田勝利，長期經營以名古屋為

【神之語錄】

「當事不如己意，你要如何完成自己的工作？這才是最重要的。」
——鈴木一朗

中心的東海地區，終於讓他發掘這個被他譽為「東海地區頭號選手」的璞玉。

一九九〇年春天，三輪田來到甲子園大賽愛知縣內預賽現場，原本鎖定的對象是一朗的學長——投手伊藤榮佑，卻意外看到擔任第三棒、左外野手的一朗。

同年夏天，名電高在夏季甲子園大賽首戰遭到冠軍隊天理高校淘汰，但首度站上甲子園打擊區的一朗，首打席就對天理高校王牌投手南龍次打出中外野安打，讓坐在本壘後方的三輪田留下極為深刻的印象。

三輪田對於一朗的投球同樣不抱太大期望，但他發現一朗「走進打擊區的眼神和一般人不同。與其當個投手，還不如活用他的腳程和揮棒的手感，當個打者」。

對於三輪田的知遇之恩，一朗一直心懷感激。三輪田過世的兩年後，一朗回憶說：「升上一軍之後，他是我唯一商量的對象、唯一願意聽我講真心話的人，對我來說，他就像我另一個父親。」

「鐘擺打法」（振り子打法）的緣起

有作家形容一朗打擊時散發獨特的魅力，牽引著三輪田不由自主地隨時注意一朗的一舉一動。而這個由宣之父子一起研發的獨特打擊姿勢，就是後來「鐘擺打法」（日文為「振り子打法」）的雛形。

鐘擺打法源自宣之創新而冒險的指導方式，他鼓勵一朗看電視轉播來模仿打擊。一開始一

朗模仿的是日職巨人名將、同為左打的篠塚和典單腳抬起的打擊機制；此外，宣之也從高爾夫女將岡本綾子的揮桿動作中得到靈感，他將高爾夫揮桿動作結合在一朗的揮棒之中，學習如何在揮棒過程中將重心由後腳轉移到前腳。這些都是「鐘擺打法」發想的靈感來源與養分。

鐘擺打法的精髓在於身體重心的轉移，打者將前腳高高抬起或採滑步方式，在重心往前滑動時，跨步揮棒。一九九五年中京大學體育學院教授湯淺景元分析鐘擺打法之下球棒運動距離與打擊爆發力的關係，若以清原和博的「神主打法」為對照組，清原從啟動打擊機制到擊球的過程中，身體重心只向前移動五公分，反觀一朗的鐘擺打法移動二十公分，足足是前者的四倍。

相較於傳統的打擊機制將重心放在後腳，利用腰部旋轉帶動的力量來擊球，鐘擺打法則是以前腳為中心，將身體重心由後腳移轉至前腳，藉由身體重心大幅度往前運動，增強打者的擊球爆發力。除此之外，一朗還認為鐘擺打法在移動的狀態下看球會更清楚，也更容易抓打擊的時間差。

日本許多專家及媒體都認為時任歐力士二軍打擊教練的河村健一郎與一朗是鐘擺打法的共同發明人。回顧這段過程，河村說：「剛加入歐力士的一朗在自主訓練時，同期的菜鳥萩原淳由於不適應木棒，在練打時不斷將球棒打斷，可是一朗不僅沒有斷棒，還頻頻擊中球心。」

可是同年（一九九二）球季結束後的秋訓，河村卻發現一朗的打擊姿勢變得很彆扭：「一問之下才知道他已經折斷將近十支球棒。再往下追問才知道，原來一朗上一軍之後因為無法應付內角高球，被迫更改打擊姿勢。雖然一朗不願意，但一軍打擊教練的話卻又不能不聽，因此打擊姿勢完全走樣。」

隔年（一九九三）河村對一朗的指導如下，從字裡行間不難發現，這正是鐘擺打法的原型：

「去年一朗在一二軍之間來來去去的同時，儘管打擊時右腳踏了出去，但右手卻沒跟上，造成棒頭出來的時間慢了；而且在踏步同時，身體會不由自主往前傾，最後演變成只靠左手推棒出去。」

「我要求他回到原點，上半身不要用力，而是運用下半身、特別是腰部以下的力量。我告訴他，腳要像鐘擺一樣緩緩擺動，藉以拉大時間差。」

「我還教了另外一種方法，左右腳交叉，輕鬆地揮棒。」

「一朗在領悟前，曾經不斷嘗試空揮和球架定點的打擊練習，動不動就揮打兩三百球。」

所以總結這段過程，模仿篠塚和典前腳抬起的打擊姿勢，結合岡本綾子高爾夫揮桿的重心轉移，融合成一朗高校以前獨特的打擊機制，經過一九九三年宮古島春訓時偶像田尾安志的提點，以及在二軍與打擊教練河村的小改版，強化前腳如鐘擺擺動的元素，鐘擺打法逐漸成形。

有趣的是，一九九四年一朗成名之後，一開始他並不喜歡「鐘擺打法」這個名詞，因為他和河村討論時都以「一本足打法」稱之。什麼是一本足打法？其實就是國人熟知的王貞治「金雞獨立打法」或「稻草人打法」，已逝旅日球星陳大豐（大豐泰昭）也是箇中好手。

37 鐘擺打法——獨特性與革命性的打擊機制

二〇〇一年五月二十七日，《堪薩斯星辰報》（*Kansas City Star*）介紹鈴木一朗獨特的打法：「大多數打者只有一種揮棒姿勢，而且他們通常只打好球帶之內的球。但一朗至少有五種不同的揮棒，而且不管球投到什麼位置，他似乎都打得到，總能正中球心。在被問到為什麼採用如此獨特的打法時，他只回答：『這個打法對我管用。』」

一九九四年以「鐘擺打法」在歐力士一軍大放異彩的一朗，就曾經飽受媒體、球迷的好奇與質疑，而他的偶像「世界全壘打王」王貞治也有過同樣的心路歷程。

「別人做不到的，不代表你不能做」

在王貞治第一次以「一本足打法」上場打擊時，全場球迷嘩然，有人

【神之語錄】

「我的人生有許多妥協與讓步，但不包括棒球在內。」
——鈴木一朗

嘲諷他是「三振王」。就連多數隊友也反對，要求他務必放棄，理由很簡單：如果對方投手改變投球節奏，在無法單腳支撐這麼久的情況下，不管是失去平衡、甚至前腳提前落地，他都決計打不到球；專家的批評更是苛刻，有人說這招如果管用，那早就有許多打者採用了。但王貞治心裡很清楚，人言不足畏，真正困難的是如何維持平衡，以及讓這個打法更完美。

有專家用劍道的「上段持刀」來比擬「一本足打法」。上段持刀是指持刀高舉在頭頂，以一擊必中為目標，但這樣的姿勢近乎放棄防禦；一本足打法也是同樣的道理，在投手使怪招或自己失去平衡的情況下，打者很容易被自己打敗。不過別人做不到的，不代表自己不能做。

雖然鐘擺打法的反對者自有其道理，這些理由也不能說是錯，但別忘了，一朗身材瘦削、反應敏捷，最重要的是他擁有過人的平衡感，這些都是採用鐘擺打法的優勢。

「鐘擺打法」顧名思義，是用來形容以上半身為軸心的流暢揮棒，猶如掛鐘鐘擺的擺動。其奧義在於利用自由腳向前擺動，帶動身體重心快速移轉，藉以強化揮棒速度與力道，並轉化為往一壘衝刺的動能；當然，鐘擺打法的一朗，一直是全方位而甚少打擊死角的打者。

至於鐘擺打法之所以少有人能駕馭，主要在於與正規打擊機制的衝突。例如，一般打擊機制都盡可能在揮棒過程中固定頭部的位置，使視線不至於離開投手的放球點與來球；但鐘擺打法的身體重心由後腳轉移向前腳的過程中，打者視線勢必隨之移動。

在動能上，鐘擺打法必須先抬起前腳以及早因應，並在身體重心快速向前移轉的同時還能準確擊球，這是與正規打擊機制極大的不同點。此外，一般打者基本上都先設定打速球，一旦被變化球騙到，肩膀就會太早開掉；但鐘擺打法恰好相反，打者基本上是設定打變化球，若來球是速球，也不至於會有肩膀提早開掉或出棒過早的問題。

換句話說，鐘擺打法主要設定是抓變化球，盡可能在看到球路變化後才相對應出棒，既然出棒時間點較晚，就不會有肩膀提早開掉的問題，而傳統打擊邏輯則正好相反。

另一個鐘擺打法難以駕馭的原因，在於打者是在較大幅度的位移之下擊球，為了在運動中精準擊中球心，更需要手腕、腳踝的力量，以及更快的揮棒速度。一項統計指出，一朗的揮棒速度約0.17秒，比日職第四棒的平均0.22秒或所有打者的平均0.25秒都要快。

誠如前述，鐘擺打法確實是獨特性及革命性的打擊機制，具有「增強擊球爆發力」、「更容易抓時間差」等優勢，但相對也存在「內角球攻擊能力弱」、「揮打速球的時間較慢」等劣勢，這就是為什麼二〇〇一年赴美挑戰大聯盟的一朗，面對投球節奏及球速普遍更快的大聯盟投手時，選擇放棄鐘擺打法的主因。

在一九九四年一朗大放異彩之後，王貞治這麼評價與分析「鐘擺打法」：

「一開始他的身體正面雖然朝向投手，握柄卻還是確實地留在後方，能夠做到這樣，代表他下半身的柔軟度和穩定性都相當高。由於他一方面能保持以棒頭順勢擊球，一方面又可以晚一點出手，所以能將強勁犀利的來球反擊回去。」

「他是那種即使打擊姿勢亂掉也能應變的選手，我相信今後他的打擊率是不會崩盤的。」

「廣角打法」：天才打者「什麼球都能打」的能力

除了鐘擺打法外，一朗的打擊還有另一個特色，就是「廣角打法」，意謂揮棒時因應來球的進壘點及變化角度，將球打往不同方向形成安打。美國《運動畫刊》（*Sports Illustrated*）形容一朗「什麼球都能打」的能力：「任何球種，任何時間，任何場合，任何局面，只要你敢投，一朗就打得到。」

至於水手時期曾經帶過一朗的前總教練皮尼拉（Lou Piniella）則說：「一朗是偉大的純打者（pure hitter），一個知道如何獨立思考揮棒時機、平衡、步法與策略的打擊天才，他是安打製造機，我很懷念在執掌水手兵符時期每天看他打球的樂趣，欣賞他的揮棒之美，看著他將任何球打出去，再靠腳程跑出內野安打。」

38 名留青史的打法，都是艱苦奮鬥的產物

日本職棒三度三冠王的天才打者落合博滿，在《師法日本棒球名人落合博滿：三冠王的打擊原理》一書以專章評論鈴木一朗的「鐘擺打法」。

少數偉大打者有自己獨特的打擊姿勢，日本最有名的不外乎王貞治「一本足打法」、一朗「鐘擺打法」，還有落合自己的「神主打法」。有球迷讚嘆「因為是那個人當然辦得到」、「因為那個人是天才」，但落合的想法卻完全背道而馳。

落合的解讀是：王貞治苦於抓不準出棒時機，最後不得已才會抬高右腳；一朗想要靠著纖細的身體敲出強勁的安打球，才會擺動右腳；至於落合自己則是為了矯正右手肘甩到身後的陋習，於是將雙臂伸出身體前方。他認為：

【神之語錄】

「名留青史的打擊方法並非天才藝術家的名作，全部都是艱苦奮鬥的產物。」

——落合博滿（日本職棒史上唯一的三度打擊三冠王）

1. 正因為不是天才，所以會徹底地思考適合自己的打擊姿勢。

2. 由於揮棒次數比其他任何人多得多，身體才能熟悉經過深思熟慮後的姿勢。

落合為「鐘擺打法」在內的特殊打擊姿勢下了結論，也成為打擊原理中的經典名言：「名留青史的打擊方法並非天才藝術家的名作，全部都是艱苦奮鬥的產物」。

「鐘擺打法」在大聯盟舞台消失了

日本時間二〇〇一年四月三日上午十一點十五分，全日本超過一千二百萬人守在電視機前面看比賽直播，雖然當天不是假日，但許多上班族提前吃午餐，只為目睹這歷史性的一刻。

這是水手在主場迎戰運動家的年度開幕戰，第一局下半運動家投手哈德森（Tim Hudson）對水手開路先鋒一朗投出第一球的瞬間，觀眾席閃光燈此起彼落，記錄一朗終於站上大聯盟打擊區的歷史畫面。

一朗將哈德森的第二球打成二壘方向滾地球，只見他全力衝刺，但運動家二壘手歐提茲（Jose Ortiz）乾淨俐落地接球後傳一壘，一朗在一壘壘包一步之前被刺殺出局。回到休息區的一朗吐了一大口氣，因為在這個打席之後，他終於正式成為大聯盟球員了。

但眼尖的球迷一定發現，曾經讓一朗「寧可一輩子待在二軍」也要捍衛的「鐘擺打法」，卻在他站上夢想中的大聯盟舞台同時消失了？

一朗後來說明了原因。他在二〇〇一年三月水手春訓熱身賽初期其實打得掙扎，每次進入打擊區總覺得哪裡不對勁，無法照自己的感覺擊球。一開始一朗還偷偷告訴自己「一定是感覺沒回來」，畢竟他一向有春訓狀況調整較慢的問題，但當問題愈來愈嚴重，甚至產生「連登錄為水手先發名單都很危險」的危機意識之後，他開始去探究原因，找著找著才發現是日本投手與大聯盟投手投球節奏不同的關係。

大多數日本投手的投球動作會給予打者充裕的時間準備，投球的節奏大概是「一、二 and 三」這種感覺，在「一、二」和「三」之間有較長的間隔。究其原因，日本投手受的教育通常是利用這個「二」和「三」之間的間隔集中力量，反之，大聯盟幾乎沒有投手用「一、二，集中力量，三」這種節奏來投球的，用「一、二、三」這種快節奏投球的投手非常多。

回顧一朗歐力士時代的「鐘擺打法」，他正是利用投手集中力量的那個間隔，將右腳前後擺動來微調節奏，因而形成了獨特的打擊姿勢。換言之，他以往都是在那個「and」的間隔瞬間才啟動擊球動作，但大聯盟投手投球並沒有「二」和「三」之間的「and」，在擊球節奏改變的情況下，便使得打擊產生了微妙的偏差。

因為這樣，一朗決定完全捨棄歐力士時代的打法，讓自己回到原點，然後將過去的打擊姿勢重新複習過一遍，也就是一九九四年單季二一〇支安打之前的打擊姿勢，那時還沒有高抬右腳的習慣。一朗解釋說：

「當時每次站在打擊區一面覺得『啊，這樣怪怪的』，一面想著『該怎麼辦？該怎麼辦？』結果有一天突然想到：『何不用以前不抬右腳的姿勢試試看？』那時熱身賽正打到一半，我對著皮奧里亞（Peoria）球場的鏡子，不斷空手模擬打擊姿勢。也就是從那時候起，開始能掌握新的擊球節奏。」

「但原則上的東西並沒有變，比如說，等球時一樣是看球的軌跡，而不是看一個點；視線跟住球，跟著這個軌跡揮棒的打擊原則是不變的。只是改變了抓節奏的方法而已。」

「省略那個『and』，並不會因此失去集中力量的那個部分……二〇〇〇年我在日本的最後一個球季，腳抬起的幅度其實已經降低了很多……打者集中力量並不是靠抬起右腳，而是靠左腳，尤其是左腳內側，靠的是左腳的內轉筋和膝蓋內側。抬腳與集中力量之間並沒有絕對的關係，就算完全不抬腳也是可以的。」

補充一下，一朗提到「利用左腳（軸心腳）內側集中力量」的邏輯，其實與落合「以身體的中心線為準扭轉腰部，扭轉身體時軸心腳的使用方法，將揮棒啟動的位置拉得更深遠」的打擊原理不謀而合。

無關打臉，解決問題最重要

說來也許諷刺，當年一朗在歐力士極力抗拒的打擊姿勢，如今反而在大聯盟救了他。對此，一朗笑著說：

「就是啊！我自己也以為『再也不會用到（以前的打擊姿勢）了吧！』我心想，既然抬起右腳就能隨心所欲擊中球，應該再也用不上了吧。結果到了大聯盟以後，過去的技術卻再度派上用場。能夠及時發現並馬上得到解決，對挑戰大聯盟的自己是一個很重要的分水嶺。」

「有一天突然覺得：『啊，這樣一來就沒問題了，節奏也完全掌握了，以後就沒問題了。』我想，從那天起，我才開始真正成為一個大聯盟打者。」

看到這裡，你是不是會對落合「名留青史的打擊方法並非天才藝術家的名作，全部都是艱苦奮鬥的產物」這句名言有更深一層的體悟呢？小選手們崇拜偶像，難免會模仿這些特殊打擊機制，卻不知其所以然。兒時的一朗其實也經歷過模仿的過程，但就如他所言：「透過模仿，我可以獲得原本不瞭解的答案。」

模仿並不只是要將他人的外形、姿勢學到十足十，而是經由模仿的過程揣摩其精髓，最終目標是為己所用，解決自己的問題。當一朗能用「鐘擺打法」隨心所欲擊球時，他會用生命去捍衛；但當客觀條件轉變，他也毫不遲疑地重拾曾被他百般抗拒的打法，完全沒有打臉自己的問題。重複這一句話：解決問題最重要！

39 視神經打法——找到自己的使用說明書

一九九八年一朗「照慣例」拿下太平洋聯盟打擊王（三成五八）、安打王（一八一）以及連續第五座外野金手套獎，但單季盜壘成功次數卻由前一年（一九九七）的三十九次驟降至十一次，對於外界解讀一朗對比賽喪失熱情，他大方承認：「我仍然有意願在日本打球，只是這件事對我來說，已不再那麼有趣。」

歐力士球團高層深知一朗需要新的刺激與動能，在無法放他自由的前提下，球團想到一個折衷作法：一九九九年二月，他們將一朗、星野伸之、戎信行等三名選手送到水手隊在亞利桑那的春訓基地進行為期兩週的訓練，包括前四場熱身賽，而這招對一朗果然有效。「當我到水手春訓營報到的當下，我感覺自己又找回新人時期的熱情了，心情像個小小孩。」一朗這麼說。

【神之語錄】

「如果陷入打擊低潮，我會向自己尋求建議。」

——鈴木一朗

水手左投莫伊爾（Jamie Moyer）則笑著告訴翻譯：「我們每天都在聊天，而他的問題永遠是『我能在美國打球嗎？』」雖然莫伊爾無法回答這個問題，但有一件事情是他非常確定的：「他的速度比大聯盟任何人都快。」

水手球團從上到下、乃至於西雅圖當地媒體，都愛死一朗：

- 球探部門副總裁瓊格瓦德（Roger Jongewaard）：「他有能力成為我們的開路先鋒或第二棒，每年打上百支安打，他與水手打線將是完美的結合。」
- 水手總教練皮尼拉：「他是個長得很好看的運動員，而且是真正的職業選手；他可以做到我們要求隊上打者做的任何事；打擊時將手維持在後方，並且善用兩腿與下半身的力量；擊球紮實。這個小伙子會這麼成功，不是沒有原因的。」
- 打擊教練巴菲爾德（Jesse Barfield）：「如果有任何日本球員能在大聯盟獲致成功，那一定是一朗，基本上他在各方面都非常突出。」
- 明星外野手小葛瑞菲（一朗的偶像）：「他很酷，而且打得很好，你可以感覺到他對自己的能力非常有自信。」
- 西雅圖當地報紙的專欄作家：「既然水手已經花了這麼長的時間等待一個開路先鋒和左外野手，何妨再等三年？」

「視神經打法」：眼睛要先能抓到球，才能把球打好

一九九九年春訓期間，水手指定打擊兼外野手赫斯基（Butch Huskey）形容一朗能「緊盯任何來球的軌跡，跟球到最後才出棒」，堪稱動態視力、手眼協調能力、揮棒速度的完美展現。對於自己的打擊原理，一朗則是這麼陳述：「打擊就是將視神經所接收的資訊經由大腦處理後，正確地傳達到肢體，你只有在這樣的情況下才能打安打。如果眼睛沒抓到球，那你也別想把球打好。」

上面這段話乍看之下有點廢話，又有點像眼科醫師的台詞，但這可是一朗花了好幾年的時間，才頓悟到此間的重要性。而啟發一朗的關鍵人物，你絕對猜不到是誰。

就是一九九九年一朗在水手春訓營的好朋友A-Rod！

一朗回憶說：**「那年春訓，我超愛看A-Rod與小葛瑞菲的揮棒，這讓我的美國夢變得更加真實而有可能。」**

事實上A-Rod也經常站在打擊護網後方觀察一朗的打擊練習，而且他對於一朗「什麼球都打得到」這件事感到無比驚奇：

「一朗的打擊方式非常有意思，他對每一球都保持侵略性，並且善用inside-out打法，利用身體重心轉移到右腳的同時，將球強力揮擊到中外野。」

「我的另一位隊友——艾德格．馬丁尼茲也是箇中高手，右打的艾德格是利用軸心腳，也就是右腳的移動，來調整自己打曲球和滑球的時間差。在打擊上，一朗和艾德格其實擁有許多

共通點。」

不過在水手春訓營看了A-Rod許多揮棒動作之後，回到日本的一朗卻陷入長達數週的低潮，他突然無法掌握投手的放球點，看不清楚來球的軌跡，也喪失揮棒的信心了。當時他有把這種情況告訴A-Rod：「從亞利桑那回到日本後，我發現我的揮棒方式在某些地方變得不一樣了，這讓我沒有辦法像以前一樣緊盯來球。」

靈光乍現：意外找到前所未有的靈感

這個困擾，突然在一九九九年四月十一日對西武隊的比賽中出現了戲劇性的轉折。一朗從西武投手西崎幸廣手中打了一記二壘方向的軟弱滾地球，在他跑向一壘的過程中突然出現一種前所未有的靈感，彷彿突然領悟到揮棒該有的姿勢與節奏，而這就是他尋覓好幾年、卻一直抓不到的感覺。

一朗很快就把這段過程和A-Rod分享。後來他也對日本媒體承認，在頓悟的那一剎那之前，他其實從來沒有看清楚對方投手的放球點與來球軌跡，所以在視神經沒有正確接收訊息的情況下，過去他的揮棒其實在某種程度上是不協調的。

看到這裡你一定很好奇，揮棒不協調的一朗，要如何在一九九四~九八年連莊太平洋聯盟打擊王？

一朗將他這段期間的成功，歸功於自己的努力練習，以及對於對方投手所做的研究。也就是說，一朗從八歲開始接受父親斯巴達式的訓練，若我們將這種苦練視為另類的「填鴨式教育」，那麼一朗等於是以不間斷的訓練，將打球的直覺反應「填鴨」在肌肉與反射神經之上，等於是把「看到來球→揮棒打擊」在某種程度上變成一種反射動作，所以即便腦袋不是完全懂，但他還是可以將球一棒一棒結實地打出去。

另外，換個角度思考，一朗或許也不是真的看不清楚來球，他只是覺得達不到自己想要的境界罷了。許多打者應該都是靠苦練將打擊姿勢定型，卻不見得知其所以然，也不一定能掌握對戰投手的球路軌跡，反正「球來就打」。

但就像「打擊之神」泰德．威廉斯曾說他連來球旋轉時的縫線都看得清清楚楚，一朗要求的「視神經打法」應該就是這種境界吧！就像青棒打者去打少棒投手的球一樣，一般少棒打者都打不好的球，在青棒打者眼裡，或許球看起來比保齡球還大，速度也慢得可以。

透過「試誤法」，找到自己的使用說明書

回過頭來，什麼是一朗的「視神經打法」？其實一朗所要表達的就是「手眼不協調」的問題，只是他特別強調視神經對於投手放球點與來球影像的接收，因為在接收錯誤或不精準的情況下，經由腦部所傳達到肢體的指令當然會是不協調的。其他球類運動如網球選手、或是高速行駛同時急轉彎的F1賽車手亦然，動態視力扮演極為重要的角色，而且這不只來自天分，更可經由後天的訓練。

在一九九九年頓悟之前，一朗就像是一台沒有「使用說明書」的打擊機器，打開開關後一樣可以憑直覺、經驗和苦練來打球，但總覺得少了點什麼，因此即使過去打擊王五連霸，但他始終沒有信心可以維持下去，遑論挑戰大聯盟了。而在找到說明書之後，一朗彷彿將打擊機器的所有零件都整合在一起，自始至終，從投手的放球點直到擊球出去，他都能全盤掌握、融會貫通，最重要的是他對自己的未來有了百分之百的自信。

一位熟知這段過程的一朗知交好友小松，形容這段過程就好比在永無止境的暗黑森林中找到回家的路，一種重獲新生的喜悅。一朗事後也說：「這其實就是一連串『嘗試與錯誤』（trial and error）的過程，過去這種感覺一直若有似無、難以掌握，但現在它就像數學公式一樣清楚。從那時起，我開始有自信永遠不會再輸給投手，也不會像過去那樣焦慮惶恐了。」

另一個改變是：棒球數據在他球員生涯中所扮演的角色，從此變得渺小。一朗說：「從某種程度來看，棒球是一種被數據控制的運動。直到一九九八年為止，即使我每年都拿下打擊王，但我會一直感覺到數據所帶來的壓力。可是從一九九九年之後一切都不一樣了，我開始把數據縮小成我比賽藍圖中的某一個項目罷了。」

「手眼協調」能力會隨著經驗與技術的成長而進化，一九九九年以前的一朗也是如此。但一九九九年參加水手春訓，從A-Rod打擊姿勢中，頓悟到以視線為核心的「視神經打法」，一朗或許已經將自己提升到泰德・威廉斯的等級了，也難怪此後他更加下定決心要挑戰大聯盟。

而這一切，都是從視神經出發的！

40 廣角打法——從反方向推打開始

二〇〇一年開季前，水手球團砸下超過二千七百萬美元（三年一千四百萬美元合約，加上1,312.5萬美元讓渡費）重金簽下鈴木一朗。從下面這兩件事情不難看出球團與當地球迷對他寄望有多深：

- 水手隊在開季前推出七支形象廣告，有三支是以一朗和佐佐木為主角；此外還規畫四場季賽作為一朗或佐佐木的「搖頭娃娃日」（或贈送以他們為主題的限量紀念品）。
- 在春訓熱身賽結束前，一朗的球衣躍居水手商品銷售排行榜第一名，但當時他還沒為水手隊打過任何一場正式比賽。

春訓提前報到的一朗展現極佳的體態，在團隊練習時不論跑壘速度、傳球臂力或守備範圍，都讓教練團與隊友印象深刻。但所有人最好奇的問題是：一朗打得到大聯盟投手的球嗎？

【神之語錄】

「所謂的『準備』，就是排除任何可能成為藉口的因素，並且竭盡所能去做到所有你想得到的事。」

——鈴木一朗

雖然兩年前一朗就曾經以歐力士球員的身分參加水手春訓，但因食物中毒而在最後兩場熱身賽作壁上觀，所以水手教練團和球員沒人摸得清他的底細。

當時水手球團彌漫著一股詭譎的氣氛：教練團焦慮，隊友質疑，而一朗則背負著大聯盟史上第一位日本野手的壓力，還要面對亦步亦趨、將近一百五十人的日本媒體採訪團。

是欺敵還是欺騙自己？

在仙人掌聯盟熱身賽開打之後，一朗的表現讓人失望透了，左打的他只是將球軟弱地推打向左外野，一次又一次。不只球探酸他「手中的木棒快被投手的球給震飛了」，就連隊友也看不下去。中繼投手尼爾森（Jeff Nelson）回憶，「當時每個人都抱持著懷疑，因為一朗在春訓一事無成，所有人都在想：『這傢伙根本一敗塗地。』」

先發投手希利則說：「每個人心裡都在想，我們怎麼會簽了一個人偶回來。」

總教練皮尼拉無疑是最失望的，他原本寄望沒有長打爆發力的一朗至少能打出三成打擊率，但是看了一朗熱身賽的打擊表現之後，他心想「這小子的打擊率若能有二成七，就算是賺到了」。

皮尼拉質疑一朗「沒有能力將球拉打到右外野，也沒辦法強力擊球」、「難道他就這麼點能耐」，他甚至懷疑一朗不夠格成為先發球員。在輾轉聽到總教練的質疑之後，一朗只淡定地告訴幾名隊友「等開季之後就知道了」。

但皮尼拉可等不到開季了，有一天他終於忍不住質問一朗：「你可以拉打嗎？一次就好，只要證明你做得到，行嗎？」一朗回答：「沒問題，我只是在欺敵罷了。」

站在一旁聽到兩人對話的左外野手馬丁（Al Martin）忍不住大翻白眼，他告訴媒體：「我完全不敢相信這樣的話他竟然說得出口，拜託，又不是在打少棒。你第一次參加大聯盟春訓，四處閒晃，一無是處，你竟然認為這樣就叫『欺敵』。我很抱歉這麼說，但這根本行不通。」

對於一朗的回答，皮尼拉顯然也不買單：「你說你能拉打到右外野，何不現在就秀給我看？」

結果下一場比賽，一朗打了三支右外野強勁平飛一壘安打！

賽後一朗告訴《西雅圖時報》記者：「我能理解總教練想看到什麼，所以我試著秀給他看，但就到此為止。現在我必須回來做我該做的事，為新球季備戰。」

築起一道虛擬的牆：從反方向推打開始

看到這裡你一定想問：左打的一朗明明有將球強拉到右外野的能力，但他在春訓及熱身賽初期為什麼刻意將球推打到反方向的左外野？

事實上，一朗做的就是部分日職選手的調整方式：他在腦中將好球帶建立起一道虛擬的牆，然後在練打過程中持續將牆外的球打向左外野。等到打順手之後，再將球推打到中左外野，接著撤下無形的牆，開始打到中外野，最後才是右外野。

從小在神戶市郊長大，一朗和父親都是中日龍球迷，但很顯然一朗的打擊機制受到前巨人左打名將篠塚和典的影響很大。過去篠塚在打擊低潮的時候會進行下列特訓：先將來球連續推打到左外野，接著打向中外野，最後拉打到右外野。

上述作法不僅限於篠塚和一朗，部分日職選手也都採用類似的調整方式。只是對一朗來說，隨心所欲、心隨意轉的操控球棒，更是來自父親宣之「非生即死」的嚴苛訓練。

後來一朗在一次受訪中也說明這種練打方式的理由：

「第一點是好球帶的問題。大聯盟好球帶的外角部分比日本寬鬆，所以我把注意力放在容易被判好球的外角球之上，跟球時會聚焦在好球帶中間到外側的這一部分。在專挑外側來球打的情況下，球也自然往左邊方向飛去。」

「（第二點，）為了迎接開幕戰及接下來漫長的球季，我有個穩定自己打擊能力的步驟，那就是『在自己身體的右側建立一道牆』。這個步驟對打者來說是最重要、也是最辛苦的。這是在春訓就必須做好的事情之一，也是我在日本就一直堅持的。」

「身為左打者，我在面向投手的身體右半邊築起一道想像中的牆。如果能穩穩建立起這道牆，打擊姿勢就不會搖擺不定，可以把球打到左半邊、右半邊，甚至是中間方向。為了讓這道牆穩固下來，一開始必須刻意把球往中間和左半邊打，等這道牆紮實地建立起來後，才能開始將球往右邊拉。如果沒經過這樣的步驟，在漫長的球季中，打擊姿勢必然走樣。」

偉大打者都是為球季作準備，而不是為春訓作準備

關於鈴木一朗二〇〇一年春訓熱身賽還有一個更傳奇的說法，是來自同年七月皮尼拉對《西雅圖時報》專欄作家史東（Larry Stone）的口述內容：

一朗在那年春訓一再將球打向左外野，次數多到讓人誤以為現在站在打擊區的是一個拉打型右打者。某一天皮尼拉又要求一朗拉打，一朗只簡短回了一句「沒問題」，接著下一個打數他就將球夯出右外野全壘打牆外！

回到休息區經過皮尼拉身邊時，一朗笑問：「這樣你開心了嗎？」

皮尼拉還能怎麼說？他只能回答：「接下來這個球季你愛怎麼打就怎麼打，隨便你。」

這些發生在二〇〇一年春訓的「朗神傳說」，隨著當年球季一朗打擊率三成五〇、打出二四二支安打、橫跨美日的連續第八座打擊王而更加傳奇。來自太平洋彼岸的日本職棒最佳打者，不僅震撼大聯盟球界，更造成文化的震盪與衝擊，下面這兩段對話就是例證：

- 春訓某日皮尼拉抱怨：「我不知道對這傢伙（指一朗）該怎麼辦，他完全不能打。」

一位熟悉日本職棒的資深球探恰巧就在現場，他回說：「日本的偉大打者都是為球季作準備，而不是為春訓作準備……盧（Lou，皮尼拉的名字），他是你隊上的最佳打者。」一個月後皮尼拉又遇到這位球探，他告訴球探：「你是對的。」

- 第一場熱身賽結束後，一朗被問到自己是否有「特殊的感想」。面對現場滿坑滿谷的記者與攝影機，一朗回答：「我必須說抱歉，因為今天對我來說，只不過是另一場比

賽而已。我知道媒體會認為這場比賽有特殊的意義與重要性，但我不這麼想，面對第一場熱身賽，我很興奮，但不焦慮。而且還有更讓我興奮的事，那就是賽後能盡快結束媒體的訪問。」

孤履危行，不拘泥於世俗的眼光，這就是鈴木一朗。

41 靈光一閃！從高爾夫揮桿看到曙光

鈴木一朗初到水手隊打球的前幾年，某天比賽前，一名資深隊友經過他的置物櫃前停了下來。這位受人尊敬的資深打者長篇大論地給他打擊上的建議，他認為一朗如果學習耐心等球，不去追打太多壞球，他將有機會挑戰單季四成打擊率。

一朗耐心聽完隊友的理論，謝謝他的好意，然後繼續用自己的方式打擊。

從高爾夫揮桿姿勢看到曙光

「我在日本就聽過這樣的建議，沒想到在這裡又遇到了。客觀來說，我認為這種想法非常天真。」

「確實，如果你只看單一打數，有些案例是可以讓你說嘴

【神之語錄】

「棒球場上即便是最好的打者，十次打擊也會出局七次。這七次出局的原因各異，有些是個人的失敗，有些則是輸給投手，被投手痛宰。而在這些個人失敗中，我相信我可以打得更好。」
——鈴木一朗

的，你會說我如果放掉某一球不打，我就能拗到四壞保送。但事實是：如果我真的將這種等球的心態應用到一整個球季，對我反而是有害的。」

「當然啦，你一定會說我可以安打照打，剩下的打席再發揮耐心去選到四壞保送就好，這就真的太完美了。可是打擊並不是這樣運作的。」

對於一朗這樣的先發第一棒來說，四壞保送確實會拉高上壘率，這或許是全盛時期的一朗最為人惋惜之處。二〇〇四年，一朗打擊率三成七二、以單季二六二支安打創下大聯盟新紀錄的那一年，在美國聯盟至少五百個打席的七十七名打者中，一朗以四十九次四壞保送並列第四十八名，而那一年他有多達七六二個打席！若扣除他領先全聯盟的十九次故意四壞球，那麼一朗靠自己的選球與耐心只拗到三十次四壞球；換算成全季七〇四個打數，一朗平均每23.5個打數才會有一次非故意四壞，反觀全聯盟平均則落在大約每十個打數。

不過一朗的想法會讓你感到訝異，因為他似乎連一年三十次四壞球都嫌多：「我不認為球迷進場看球是想看到打者被四壞保送。如果你要討論的是四壞球，討論用什麼方法可以增加四壞保送次數，那倒不如把心力放在如何增加安打之上，而我就是這樣的打者。」

請注意，「四壞無用論」並非一朗的原意，他無意否定保送和上壘率的重要性，而是強調以他的打擊型態，與其學習耐心、刻意等球，倒不如尋求安打、提升打擊率，會來得實際多了。

對於大聯盟生涯前三年平均每季二二一支安打、打擊率三成二八的打者來說，他還能如何「尋求安打、提升打擊率」？但一朗自有其理論，那就是激勵自己「修正錯誤，轉化為安打」：

「打擊一種不可逆的特性在於，即便投手連投十顆正中直球，你的打擊率也不會是一〇〇%，這是棒球的本質，我可以接受；況且真實比賽場上，投手當然不可能只投正中直球，有時候他們甚至會痛宰你，這我也可以接受。但除此之外剩餘的打數呢？當我有自信能打安打、卻因為某種原因而出局時，這就是我的失誤，也是我必須努力去減少的。」

「過去無論我的打擊數據再怎麼漂亮，我始終認為自己犯了過分的失誤，曾經有很長一段時間我懷疑是自己的心態所造成，但隨著問題持續，我開始思考是不是打擊機制出了什麼問題。」

二〇〇四年七月一日水手隊在主場迎戰遊騎兵隊的比賽，賽前一朗一個不經意的舉動，突然讓自己看到了曙光。

這天賽前一如往常，水手隊在進行團隊打擊練習，而一朗習慣性地站在打擊籠外靠一壘側的位置等候練打，他突然閃過一個念頭：如果我微調打擊站姿，那會有什麼效果？

一朗在打擊籠外等候練打時，他會用一種略帶誇張的高爾夫揮桿方式對空揮棒，於是他在打擊練習時憑藉這種感覺，嘗試縮短兩腳寬度，前腳離本壘板較遠，球棒略為傾斜，之後再將上述微調帶進正式比賽中，結果大獲全勝！一朗回憶說：

「過去我總以為自己有能力將來球打成界外破壞掉，但最後卻以高飛必死球或內野滾地球收場。如今在改變打擊站姿、提高揮棒精準度之後，我就能順利在這個打席繼續纏鬥下去。」

「這種改變最開始只是一種感覺，一種難以言喻的感覺。但如今我可以很有自信地說，因為這項修正，過去我總認為自己打得到、實際上卻打不好的球，如今更有把握打成安打，而這就是我的目標。」

試誤法：過程永遠比結果重要

「尋求安打、提升打擊率」的奧義，在於如何「修正錯誤，轉化為安打」。而當「安打製造機」找到使用說明書之後，就沒有人能讓他停機了。調整打擊站姿後的一朗，二〇〇四年七月單月五十一支安打、打擊率四成三二，八月再追加五十六支安打、打擊率四成六三，使他成為一九三六年的名人堂球星梅德威克（Joe Medwick）之後，第一個連續兩個月都有至少五十支安打的打者。也就從那個時候開始，一朗是否有機會超越一九二〇年希斯勒單季二五七支安打的大聯盟紀錄，成為全大聯盟、甚至國際矚目的焦點。

「我在五月就打過至少五十支安打，但這和七、八月單月至少五十支安打的感覺完全不同。我在五月當時甚至不確定能打這麼多支安打，因為我很清楚自己無法按照預期的方式擊球，我還在尋找能降低自己失誤的方法。」

「但七、八月完全是另外一回事，透過不斷的嘗試與錯誤，我終於找到持續打安打的訣竅。自此之後我的每一支安打，我幾乎都能清楚解釋為什麼我能精準擊中每一球。所以這幾個月的單月安打數雖然相去不遠——都是五十支以上——過程卻完全不同。」

「自從七月一日賽前調整打擊站姿開始，我在打擊區的感覺煥然一新。我認為自己是以一條線的方式追蹤來球軌跡，所以打擊時如果能讓球棒及早進入投手的投球軌跡，對我來說至為重要。」

「當投手的球離手時，我的眼睛和身體會先做反應，接著才是球棒。而改變打擊站姿的關鍵是讓我揮棒更快、而且更精準地與來球軌跡相接合。」

「在這一天之前，我的打擊機制與我內心想像的畫面是不完全一致的。但在調整之後，我開始有一種強烈的感覺，一種能讓球棒更快速、更精準地與來球軌跡對接的想法。這種概念或許不容易理解，但很確定的是調整打擊站姿後，我看球進壘的時間比以前更久、視線更好。」

「靈光一閃」不是巧合，而是專注的力量

一六二場季賽雖然是體力與意志力的考驗，但有經驗的球員能抓到自己的節奏，適時修正、調整，二〇〇四年的鈴木一朗就是一例，當他在七月初發現最適合自己的打擊站姿之後，史上單季最多安打紀錄於焉誕生。

至於這個打擊站姿調整的「靈光一閃」，是意外？是幸運？其實就跟一朗小學時從右打改練成左打一樣，這一切都不是巧合。正因為他時時刻刻都在揣摩與試誤，即便其他隊友在打擊練習過程中一派輕鬆與嬉鬧，他依舊專注在高爾夫揮桿姿勢中尋找靈感，才有後來的頓悟與豁

然開朗。

「靈光一閃」不是巧合，而是專注的力量。

朗神哲學

Part 6

42 坪田信義——棒球員完美的手，是手套工匠的驕傲

鈴木一朗對於棒球事物要求之細膩與講究，水手球團內部曾經流傳過一個笑話：某一年球團預定在一朗的搖頭娃娃日贈送限量公仔給率先進場的球迷，當工作人員將原始設計圖傳給一朗過目後，一朗回覆「搖頭娃娃少了護肘」。美國媒體因此開玩笑說，難道這是為了與「巨怪」藍迪．強森的搖頭娃娃投打對決而預作準備嗎（笑）。

「齊頁金斧，楚人名工」

二〇一二年美國網站介紹一朗球具與配備的型號如下：

● 木棒：美津濃（Mizuno）MZP51楓木球棒

【神之語錄】

「真正的職人，他只需要聽我口述想法，我用不著做個樣品來向他解釋我想要的細節。」

「只需根據他所聽到的資訊，就能精準做成有形的產品，這就是我對職人的定義，因為這是一般人做不到的。」

「能將那個只存在於我的內心、卻難以言語形容的影像，如此精準地打造成實品，這種不可思議的能力，就是他之所以能成為職人的主要原因。」

——鈴木一朗

- 打擊手套：美津濃專業限量版手套（Pro Limited），魔術貼繡有「Ichiro 51」註冊商標
- 外野手套：美津濃GMP70BK手套
- 太陽眼鏡：奧克利（Oakley）Radar Path系列

上述美津濃型號都是量產商品，事實上一朗實戰使用的球具另由專人客製，尤以木棒與守備手套為然。而這些「專人」，有的甚至是日本厚生勞動省推選的「現代名工」。

「名工」顧名思義，意指「有名的工匠」，西漢文人鄒陽《幾賦》有云：「齊貢金斧，楚人名工」（意在彰顯漢帝國之強盛）。至於「現代名工」則設立於一九六七年，是日本厚生勞動省對於卓越技能者的表彰制度，美津濃公司為一朗製作外野手套與木棒的兩位大師：坪田信義、久保田五十一，分別在一九九八年及二〇〇三年受獎。

一九四八年，中學畢業的坪田展開他在美津濃的職涯，在第二次世界大戰結束後不久、皮革非常稀有的年代，日本只有粗分為內野手和外野手兩種棒球手套，所以早期日本職棒球員不僅是他的客戶，更是他學習與精進的老師。

隨著坪田的手套在日本棒球圈的名聲更加響亮，美津濃決定將他的產品推往海外。所以早在一朗穿上水手球衣的二十三年前，坪田就已經先一步渡海挑戰大聯盟了。

一九七八年，坪田第一次到大聯盟春訓營「巡迴工作」，他以廂型車作為臨時工作室，根據球員現場的需求接單製作。

猜猜他的第一個大聯盟客戶是誰？答案是一九九五年、二〇〇四～〇九年兩度接任羅德隊

監督、與日本職棒關係匪淺的瓦倫泰，當時他效力紐約大都會隊。

棒球員完美的手，是手套工匠最大的驕傲

美國媒體形容一朗有雙「完美無瑕」的手，他的手掌沒有長繭，沒有肥腫的指關節，手指筆直而不彎曲，對此坪田比任何人都還要驕傲，因為一朗完美的左手正是他完美手套工藝的證明。只是在「完美」的背後，坪田因長期為皮革塑形，那雙長滿厚繭的手掌、嚴重扭曲變形的手指，與一朗形成殘酷的對比。

不過對這些球具工匠來說，什麼才叫做「殘酷」？不論你手製產品的品質再出色，只要球員不採用，你就永遠也看不到曙光。

而這也就是坪田之所以能成為「現代名工」的關鍵。一朗曾經這樣形容坪田的工藝：

「真正的職人，他只需要聽我口述想法，我用不著做個樣品來向他解釋我想要的細節。」

「只需根據他所聽到的資訊，就能精準做成有形的產品，這就是我對職人的定義，因為這是一般人做不到的。」

「能將那個只存在於我的內心、卻難以言語形容的影像，如此精準地打造成實品，這種不可思議的能力，就是他之所以能成為職人的主要原因。」

事實上一朗與坪田的淵源，早在他小學六年級、需要人生第一個職棒選手等級的手套時，父親宣之就花了三萬九千日圓，請坪田量身打造專屬一朗的手套。宣之常向一朗耳提面命：

「你要善用這個最棒的工具，努力認真地練習，同時為了能夠使用得更久，你必須珍惜它、愛護它。」

所謂「一試成主顧」，一朗自此成為坪田手製、或至少是坪田監製手套的死忠客戶，中學及高校六年又再訂製了四個。轉入職棒後雖然因故中斷了一陣子，但從一九九四年大放異彩的那一年開始，一朗又回頭找上坪田合作。

回顧兩人再度合作的過程，坪田說：「我向歐力士球團人士詢問他對手套的偏好之後就先製作了一個成品，接著我帶到春訓場地徵詢他的試用意見。他很滿意地說：『這甚至比我想像的還要棒！』，從那個時候開始，我再度成為他專屬的手套工匠。」

極致輕薄的挑戰

坪田每年為一朗手工打造三個手套。對一朗來說，手套是精密的棒球工具，他手套的一大特色是要能張得很開，因為「他喜歡背後接球」，坪田笑著說。

一朗挑戰坪田，要坪田為他製作一個比其他選手更輕、更軟的手套，而這種輕薄的程度可能使其他選手在接球時傷到手。為了滿足一朗的需求，坪田遍尋世界各地上等的皮革，最後終於找到符合一朗需求、最柔軟的牛皮；至於厚度上，一般選手使用的手套皮革厚度大約介於2～2.3公分之間，為了達到一朗想要的「輕量化」，坪田竭盡所能地將皮革厚度削薄到只有1.5～1.6公分，製成可能是史上最輕、只有五七〇公克的外野手手套。

曾經在NHK「週日體育」等節目擔任企畫、後來轉型成運動文字工作者的石田雄太，曾經在一次採訪中要求試戴一朗的手套，他的心得是：「這是我這一輩子見識過最軟的手套，這種軟綿綿的觸感，真的只有親自觸摸過的人，才能感受得到。」

而這種極致柔軟的手套不只歸功於「手套名工」坪田親自挑選的牛皮，更因為一朗每天勤於上油保養，手套自然更加柔軟了。

「職人精神」：一輩子只做一件事，並將這件事做到極致

坪田信義是鈴木一朗口中「真正的職人」。至於「職人精神」，顧名思義，就是「一輩子只做一件事，並將這件事做到極致的精神」。

但極致的界限在哪裡？

全世界最年長的米其林三星主廚——日本「壽司之神」小野二郎，他所經營的壽司店「數寄屋橋次郎」在二〇〇七年首度獲得《米其林指南》三星評價時，他已經八十二歲了。

當小野二郎在二戰結束、重回職場時，他的師父告訴他，壽司因為歷史悠久，已經沒有可以再改進的空間，他卻固執地不以為然，而這一投入就是七十年。如今這間只有十個座位的小店代表著世界壽司的最高標準。

如何成為「職人」？這是每個人都想問的問題，但能做到者幾希。小野二郎在紀錄片《壽司之神》中說出了答案：

「一旦決定職業，你就必須全心投入工作之中，愛自己的工作，千萬不要有怨言，窮盡一生磨練技能，這就是成功的祕訣，也是讓別人敬重的關鍵。」

「我一直重複做相同事情以求精進，總是期待能夠有所進步，我會持續向上，並努力達到巔峰，但沒有人知道巔峰在哪裡。」

窮盡一生，重複磨礪同一技藝，注重細節，忍受孤獨，這是「職人」的成功之道，也是受人尊敬的所在。

43 岸本耕作——棒球手套是肢體的延伸

日本媒體將鈴木一朗攀上全壘打牆接殺飛球的防守美技譽為「忍者接殺」（Ninja Catch），這也是美國網友常說的"Spiderman Catch"，亦即「蜘蛛人接殺」。蜘蛛人手腳並用、攀牆而上，猶如忍者，這兩個名詞是不是用得很傳神？

至於什麼是「忍者」一朗生涯最經典的「蜘蛛人攀牆接殺」？二○○五年五月二日水手主場迎戰天使的比賽，天使強打安德森（Garret Anderson）轟出即將飛越右外野全壘打牆的飛球，只見右外野手一朗兩腳一前一後蹬上全壘打牆，右手往牆上一撐，左手手套順勢將球撈回場內，沒收安德森的二分打點全壘打。賽後一朗受訪時透過翻譯說：

「我以為這一球會飛得更遠，當我攀牆躍起時，感覺好像在打籃球。」

【神之語錄】

「手套應該是肢體的延伸，而不是加諸在身上的工具。」
——岸本耕作（美津濃公司認證最高等級的「手套大師」）

「我不知道這是不是我生涯最棒的接殺，反正就這樣發生了，很開心能帶給球迷一些享受。」

聽一朗說得如此輕描淡寫，但當時效力天使的資深外野手芬利（Steve Finley）說明這個防守美技的難度：「我不認為一般人有辦法想像這球難度有多高，他跑到定點，幾乎不看球，跳上牆、轉身，球就在那裡！」

參與職棒超過三十年、時任天使總教練的索夏（Mike Scioscia）為這一球下了歷史性的註腳：「我想不到自己曾經看過更棒的接殺，簡直不可思議，非常特別的一刻。」

猶如蜘蛛人般手腳並用，躍起時機完美，張手開花，鈴木一朗用生涯最佳防守美技，為「手套是肢體的延伸」這句話，做了最完美的詮釋。

手套是肢體的延伸

長達六十年敲打、塑形、縫製皮革的專業工匠生涯，將人生奉獻給棒球手套的坪田信義，在二〇〇七年冬天將最後兩只手套遞送給一朗之後，以七十四歲高齡宣布退休。而過去曾負責野村謙二郎、宮本慎也、高橋由伸等日職球星的手套製作、二〇〇四年獲美津濃公司內部認證最高等級「手套大師」的岸本耕作，則被指定為坪田的繼任者。

這是美津濃公司內部非常重視的「世代交替」計畫，為了搞定一朗這個難纏的指標性客戶，早在坪田退休的兩年之前，二〇〇六年八月，岸本專程飛往西雅圖，他先根據坪田的規格書製作大約五十只手套，再嚴選其中六只親手呈給一朗試用。

抵達薩菲柯球場後，岸本被帶往球員休息室入口處不遠的小房間，神經緊繃地看著一朗檢視每只手套。隨同前往拜會的另一名美津濃員工回憶一朗的評估過程：

「一朗將左手伸入手套，幾秒鐘之內就能決定這只手套是否具有帶進正式比賽的潛質。」

「他先試戴第一只手套，五秒鐘後說道：『我不用這個。』，接著戴上第二只，五秒鐘後說：『這個也一樣。』，再下一只則是『不好』。」

就這樣，一朗只花了三十秒就打槍岸本所有的努力。事後岸本說：「如果我說我當下的情緒沒有崩潰，那是騙人的。我的意思是，我帶了這些手套千里迢迢地飛來美國，卻被他一口氣全數回絕。只是他的批評也讓我找到改進的方向，我試著去抓他的感覺，製作手套。」

有日本媒體形容岸本是在「與一朗的感覺格鬥」，因為一朗要尋找的感覺，恐怕只有他自己才會知道。岸本說：

「我試著從手套整體平衡設計的角度，去將一朗要的感覺具象化。它應該要讓使用者感覺手套是肢體的延伸，而不是加諸在身上的工具。」

「我承認我為一朗製作的多數手套並沒有帶給他正確的感覺，但問題是如果我修改其中一部分，可能會讓手套整體的設計失衡，這是整個過程中最弔詭的地方。」

況且同時間還有另一個挑戰在等著岸本：教練團想把一朗的守備位置從右外野調到中外野。為此，一朗對手套提出新的需求：考量改守中外野的接球機會增加，他要求手套必須比以往更加堅實耐用。

但你注意到了嗎？「堅實耐用」與一朗一向最重視的「輕薄柔軟」，兩者其實是矛盾的。一朗的手套通常不到六百公克，已經比平均值輕了大約二十三%，皮革厚度則比一般外野手套少了0.3～0.4公分。他卻要求在不顯著增加重量與厚度的前提下讓手套更堅實，這有可能嗎？

岸本仔細聆聽一朗的需求，回日本後參考其他設計並與坪田討論，最後自己摸索著做了大約三十只手套，選了其中六只，同年（二〇〇六）十月交給一朗。這次一朗留了一只下來，回答「好多了」、「這一只有潛力」。

岸本和公司幹部滿心歡喜地搭機返國。雖然回日本後接獲一朗通知「手套太軟了，不會在正式比賽中使用」、「繼續期待坪田大師的作品」，但是對岸本來說，至少他已經前進一小步了。

也許你會想，岸本為什麼不乾脆照著坪田的規格書及實際成品，做個一模一樣的手套給一朗，不就得了？但這正是手套工匠最難為之處。首先，每塊皮革本身都存在些微的差異，手套開合處該如何塑形？手指的位置該如何彎曲？乃至於敲打的力道與頻率，都必須視皮革的品質與狀態去做調整，不能完全依據「操作手冊」依樣畫葫蘆。

再者，就像人的五官即便再相似，但隨著表情與神韻不同而會有一張張不同的「臉」，手套其實也是同樣的道理。即便你認為自己做得一模一樣，但不同人在使用上會有不同感受，甚至產生違和感。所以當一朗「認為沒問題而收下岸本的手套、事後卻認定不會在比賽中使用、還是期待坪田大師」的這種心情，岸本其實能充分體會。

這就是手製工藝在傳承上最大的困難，但不也正是工匠存在的價值？

背水一戰：岸本的期中補考

二〇〇六年兩度徒勞無功之後，一朗依舊戴著坪田的手套展開二〇〇七年新球季，但岸本知道，背水一戰的時間點到了。

一朗每年平均使用兩只手套，由於他要求的皮革輕薄較不堪用，因此開季啟用的新手套，在季中就必須汰換成另一只，岸本將之視為「補考」的機會。

二〇〇七年五月，岸本帶著重新製作的六只手套到美國親手交給一朗，一朗挑了一個留下來。上半季結束前，岸本接獲一朗的通知：「我準備戴這只五月拿到的新手套參加明星賽（七月十日，地點在舊金山），下半季接續使用。」

回顧這段過程，岸本的臉上滿是驕傲：「這是第一次，一朗在正式比賽使用我做的手套。」

坪田最後的感謝信

二〇〇七年冬天，七十四歲的坪田在退休前為一朗製作了最後兩只手套，隨後他用老邁而斑駁的手寫了封親筆信，連同手套寄給一朗。就如同他作品一貫的風格，坪田的文字簡潔而優雅：「感謝您用我的手套連續贏得金手套獎，敬請收下我職業生涯的最後兩件作品。」

但坪田的信還有最後一句心裡話沒說出來：他希望看到一朗在二〇〇八年戴上他的手套展開新球季。可是這樣的要求他說不出口，因為他知道身為職業運動員的一朗，不應該基於情感而影響球具的抉擇。

坪田最後的願望落空了，一朗戴著岸本的手套展開新球季。即便一朗在開季前臨時請岸本對手套做了幾個微調，但他還是無視於坪田的最後兩件作品。

難道一朗忘了這是坪田的關門作？還是坪田退休前手感盡失，他的手套已經入不了一朗的法眼？

其實都不是，一朗把這兩只手套帶回家，恭敬地擺在架上。對他來說，坪田親手打造的不只是最好的球具，更是守護他橫跨美日職棒、連續十四年拿下金手套獎的護身符。

44 久保田五十一——想要正中球心就用細棒打擊

一九五九年，中學剛畢業、十六歲的久保田五十一，為了找一個離家近、可以通勤上下班的工作，他去應徵位於岐阜縣西部養老郡養老町的「美津濃養老工場」（現名Mizuno TECHNICS）擔任工人，沒想到這一待就是五十五年。

有志一同的苛求

說到美津濃公司，這是出身岐阜縣大垣的水野利八一九〇六年在大阪創立的，之後發展成為日本最大的體育用品及運動服裝製造商。雖然二次大戰期間美津濃工廠一度轉為生產戰爭用品，但戰後隨即重回運動老本行，並致力於研發與技術的提升。

一九五九年入社的久保田，一開始就被分配到木棒的生產線，

【神之語錄】

「很多人都以為粗棒才好打，但球棒粗只是容易碰到球而已。」
「與其用粗棒打到不該打的地方而出局，我寧願用細棒揮棒落空。」
「想要正中球心就用細棒打擊。」
——鈴木一朗

六年後（一九六五年）養老工場開始生產職棒選手使用的木棒，並逐漸贏得日本職棒打者的信賴。一九八五、八六連續兩年贏得太平洋聯盟打擊三冠王的落合博滿，以及同期間連續贏得中央聯盟打擊三冠王的巴斯，他們都是使用美津濃養老工場出品的球棒。

更精確地說，推升美津濃球棒在美日職棒聲名大噪的頂級球星，包括鈴木一朗、松井秀喜、皮耶薩等，這些ＶＩＰ客戶的球棒都是出自久保田之手。全盛時期美日職棒每年大約有一八〇名球員、一萬二千到一萬三千支球棒，都是由久保田和兩名助理手工打造的。

在久保田的大牌球星客戶中最讓你意想不到的，或許就是大聯盟安打王彼得．羅斯了。活躍於一九六〇至八〇年代中期，羅斯早就是美津濃球棒的愛用者。

雖然近年來羅斯因為一朗的美日職棒通算安打紀錄而屢次提出質疑，但他們的球棒可是系出同門，都是由久保田親手製作；而且兩人對球棒的要求，套一句汽車廣告台詞就叫做「追求完美，近乎苛求」。久保田回憶說：**「羅斯與一朗的打擊型態或許不同，但他們兩個人對於球棒的苛求卻是有志一同。」**

不過羅斯與一朗對於球棒的要求方向其實大不相同，久保田進一步補充說，羅斯一直到一九八六年退休為止，對於球棒的規格一直在改變，不斷反覆要求將球棒做得略長或改得更短，然而一朗卻正好相反。

自從一朗在歐力士隊的第一年秋天告訴久保田「棒頭重了一點」，要求將棒頭前十五公分的直徑減少0.05公分以來，他的球棒規格自此就沒再改變過。

命運的安排・想正中球心就用細棒打擊

久保田的名字叫做「五十一」，這個名字的由來是因為父親在五十一歲才生下他，故以此命名。至於讓他在美日職棒界名聲達到頂峰的球星一朗，最具代表性的球衣背號也是「51」號，久保田認為「這就是命運的安排」。

一朗與久保田的第一次相遇是在一九九二年，當時同樣效力歐力士的「賢拜」小川博文帶著一朗來拜訪他。當久保田問一朗「慣用什麼球棒」時，一朗的回答著實讓他嚇了一跳。一朗使用的是兒時偶像、讀賣巨人明星三壘手篠塚和典的球棒規格，這種球棒棒頭比較細，適合廣角打法使用，但因為擊球面積小，打擊難度更高，通常要有高度球棒控制能力（bat control；バットコントロール）的打者才能駕馭。這也就是為什麼當久保田看到菜鳥一朗竟然使用這種球棒時，他會如此訝異的原因了。

說到棒頭粗細，打者難免有種迷思，認為棒頭較粗的球棒能增加擊球面積，提高安打的機率或降低揮空的次數。但一朗可不這麼認為，過去他在受訪時就表達高度自我要求與至為嚴謹的態度：

「很多人都以為粗棒才好打，但球棒粗只是容易碰到球而已。」

「與其用粗棒打到不該打的地方而出局，我寧願用細棒揮棒落空。」

「想正中球心就用細棒打擊。」

球棒是影響選手成就的基礎工具

久保田是美津濃公司唯一賦予「大師」封號的「木棒職人」，日本厚生勞動省還在二〇〇三年推選他為「現代名工」。不管是對自己的工作、每位客戶、乃至於每支球棒，他都有同樣尊敬的心情：**「我只會製作球棒，但我擁有幸運的人生，因為我的客戶是如此不可思議。」**

有趣的是，你知道這位木棒職人在二〇一四年以後的退休人生是怎麼過的？七十一歲的久保田竟然賣起蕎麥麵來了。

打從二〇〇九年開始，久保田將無法製成球棒的廢棄木材做成擀麵棍，在擀麵棍上市半年後，有消費者反映粗細不一。這項客訴再次點燃久保田的「職人魂」，前後大概又磨了一千支擀麵棍。他甚至在試擀過程中學到了手打麵的訣竅與樂趣，於是和友人在滋賀縣合開了一間蕎麥麵店。

「職人魂」上身，持之以恒，任何人都可以成為「大師」。

45 久保田五十一——隱藏在木棒顏色背後的祕密

先從下面這段對話開始說起。

二〇一六年球季，鈴木一朗將木棒顏色由大聯盟一路走來慣用的漆黑色改為原木色。過去和一朗在水手曾有四年同隊之誼、二〇一五年在馬林魚再度成為隊友的摩斯（Michael Morse）早就發現了。

摩斯：「你為什麼要將木棒顏色換成原木色啊？」

一朗：「我以前在日本就慣用原木色球棒啊！」

摩斯：「可是黑色球棒，天啊！你用它在大聯盟創下不少紀錄。」

一朗笑了笑，指了指自己手上的原木色球棒：「這球棒，在日本拿過九座MVP！」

嚴謹如一朗，原來也有口誤的時候。一朗在日本職棒一、二軍的年資加起來也才不過九年，扣除前兩年（一九九二～九三）多數時間待在二

【神之語錄】

「球棒不只是一種產品，更是影響選手能否有所成就的基礎工具。」

——久保田五十一

軍，之後他連續七年（一九九四～二〇〇〇）拿下太平洋聯盟打擊王。

在日本拿過九座MVP？拜託，一朗其實「只」拿過三座（一九九四～九六）好嗎？

青梻木vs白樺木

二〇〇一年渡海挑戰大聯盟的一朗，為什麼會更改木棒顏色？他在當年四月受訪時說出自己的想法。原來一朗過去一直屬意黑色的木棒，日本職棒後來也開放使用黑色球棒，但因為規定的那種淡黑色並不是一朗要的，所以日本職棒時期的他還是維持原木色、漆有透明漆的球棒。

二〇〇一年到大聯盟之後由於可以依個人喜好用色，一朗於是選擇自己最喜歡的漆黑色。至於亮光漆，黑色球棒通常只上一次漆，但他特別要求上兩次，原因是希望「看起來更精悍一點」。

至於球棒所使用的木材，一朗在日本職棒時期用的是北海道特產的青梻木（アオダモ），又名「日本樺木」。青梻木砍伐後通常只能作為木棒，但樹木終歸是天然生長的植物，即便是優質的青梻木材，每一百根最後能做成一朗球棒的也只有個位數，而他在美津濃的專屬工匠久保田五十一每年大約要提供一朗八十到九十支球棒。

二〇〇一年一朗考量美國與日本氣候不同，而且多數大聯盟打者都使用白樺木球棒，於是他決定放棄過去日本職棒時期慣用的日本樺木球棒，改用白樺木球棒，後來還打出單季二四二支安打的大聯盟有史以來菜鳥最多安打紀錄。不過二〇一五年為了找回打擊手感，他再換回熟悉的日本樺木球棒。

至於二〇一六年不再使用日本樺木球棒、將球棒顏色由原木色又改回黑色的原因，則是考量日本樺木遭過度砍伐，幾乎消失殆盡，不得已只好再換球棒。

超過四分之一世紀的堅持

可是不管木棒材質與顏色如何改變，一朗最讓「木棒職人」久保田五十一稱奇的是，他的球棒規格幾乎沒有改變過。

一朗每支木棒長度都是精準的33.46英寸，重量則介於31至31.75盎司之間，端視當時濕度而定。如果比賽中發生斷棒，或是置放在場邊休息區的木棒濕氣太重，他會將防潮提箱下層四支備用球棒擇一取出使用。

根據久保田超過五十年的工作經驗，不論是在日本職棒或大聯盟，打者隨著年齡與經驗增長，調整球棒尺寸或重量幾乎是必然發生的，但職棒生涯超過四分之一世紀的鈴木一朗卻是最大的例外。

打從歐力士第一年秋天以來，一朗的木棒規格（包含長度、棒頭直徑、握把直徑）就從來沒有改變過。換言之，一朗必須透過持續不斷的訓練來維持球技與體能，才有能力在橫跨三個十年的職棒生涯使用規格完全相同的球棒，這就是讓久保田感到最不可思議之處。

擊球點的精準掌握能力

一個有趣的數據：日本職棒時期一朗平均每年使用八十至九十支木棒，相較於一般選手平均年耗一二〇支球棒，更凸顯一朗出類拔萃的打擊能力。畢竟在棒球比賽中，打者因為沒有確實掌握擊球點而將木棒打斷的情況屢見不鮮；相形之下，一朗對於擊球點的精準掌握能力，足以將斷棒的機率壓低，這是他能精簡使用木棒的主因。

46 這不只是打棒球的工具，更是我身體的一部分

想像一下這個畫面：穿著全套白色西裝和白色亮皮皮鞋、戴著Oakley名牌金框太陽眼鏡、金屬手提箱，帥氣走進洋基球場的鈴木一朗。「他的打扮活脫是個搖滾明星，而他手上那只裝著球棒的提箱，就跟搖滾樂手的吉他沒有兩樣，」前洋基隊友、投手羅根（Boone Logan）說，「這造型太適合他了。」

不過對一朗來說，他的球棒可不只是木頭而已，這可是比〇〇七的手提箱或「史特拉迪瓦里」（Stradivari）小提琴還要貴重。

因為在他心裡，球棒是有靈魂、有生命的。

「球具有心，存乎其內」

不相信？一九九五年效力日本職棒歐力士時期，一朗曾經在比賽中

【神之語錄】

「對我來說，這不只是打棒球的工具，更是我的一部分，我身體的一部分。」

——鈴木一朗

甩棒，但他隨即後悔了，賽後他將這支球棒帶回房間，陪伴他入眠。一九九九年另一場比賽，一朗被三振後回到場邊球員休息區，盛怒之下將手上的美津濃木棒給砸壞了，這次他更加羞愧，專程寫信向製作木棒的師傅道歉。而且五年後一朗在美國電視節目受訪時提到這件事，他還當場自己掌嘴！

「你想想，」一朗說，「這些手套和球棒並不是機器大量製造，而是由工匠親手打造的。他們將全副技藝與心力挹注其中，如果他們之中有人看到自己製作的手套或球棒被丟得遠遠地，他們一定會感到非常難過。希望球員們能多為他們想一想。」

一朗的父親宣之篤信天地萬物皆有靈，棒球手套和球棒亦如是，所以他教育一朗，對於球具必須抱以尊敬和感恩的心情。

「也許人們會笑我太傳統，但我就是這樣在照顧自己的手套與球棒。」在被問到是否認為這些球具有「靈魂」時，一朗突然冒出西班牙語，一迭連聲地說：「Mucho. Mucho.（西班牙文，意思是「很多」、「非常」）其他球員看待球具的方式不同，但對我來說，這不只是打棒球的工具，更是我的一部分，你知道，是我身體的一部分。」

在棒球小說《*The Natural*》（一九八四年被翻拍成電影，中文譯名《天生好手》）中，男主角羅伊·霍布斯（Roy Hobbs，電影由勞勃·瑞福飾演）少年時父親在樹下猝逝，當晚這棵樹就遭到雷擊，羅伊相信這是父親在天之靈傳遞給他的力量，於是將木材製成球棒並命名為「神奇小子」（Wonderboy），隨後以強勁的打擊成為棒球場上的明日之星。後來「神奇小子」斷成兩截，羅伊在賽後將「神奇小子」埋進左外野的草地裡，由於不忍卒睹木棒斷成兩截，於是他解下鞋帶將兩截斷棒繫在一起，讓「神奇小子」得以原來的完整樣貌告別世界。

一朗對於斷棒的處理並沒有這麼戲劇性，他會保存下來送給朋友。但他懂霍布斯埋葬球棒的心情：「**就跟人一樣，球具也有心，存乎其內。**」

金屬防潮箱

至於這只金屬提箱其實是防潮箱，而且事實上有兩個，都是由他的木棒供應商美津濃所製造的。淺藍色的容量較大，裡面裝了十支球棒，固定放在主場球員休息室的上鎖房間內；深藍色的則同時具有防潮與防震功能，裡面裝了他精選的八支球棒，攜帶到客場比賽，回主場則放在個人置物櫃，而且為了避免球棒在運輸過程中受損，他在託運前會將每支球棒包膜。

提箱的底部則放有兩包藍色顆粒的乾燥劑，「從乾燥劑變成粉紅色的速度，我就能大概知**道當地的濕度水準。**」一朗這麼說。

也許球迷想問「有差嗎？」，但別忘了一朗可是棒球場上的實證科學家，他光靠觸摸球棒就能感知受潮與否，更別說擊球了。「當球離棒的那一瞬間，受潮球棒的感覺就是不一樣。」他說道，「尤其在紐約、德州、巴爾的摩，當空氣濕度較大時，你只不過從休息室走到場邊，**球棒就像流了一身汗，看到真的傻眼。**」

到了客場，一朗會坐在置物櫃前，打開提箱，輕柔地將球棒逐一取出，先從棒頭到握柄詳細檢視，輕敲球棒聽木頭傳導的音色，接著用手指輕撫棒身檢查是否有顆粒或細紋，最後再放回提箱；提箱裡的球棒也已做好分類，上層的四支隨時可以帶上場比賽，下層的四支則待打擊練習測試過關後就可以進階到比賽使用。

大聯盟球員一向不愛惜球棒，擊球後扔在地上者有之，出局後怒砸牆壁者有之，三振後折斷者亦有之，名人堂球星沃克（Larry Walker）甚至曾經在一場比賽中使用三家不同廠商的木棒。沃克後來在受訪時說：「我從來沒有想過要將木棒放在防潮箱。我在球場上有很多迷信，但都與球棒無關，有什麼球棒就抓什麼，拿了就打。」

當然，一朗對待球具的方式無關迷信，是出於尊敬。而且渡海挑戰十八年來他不但沒被多數人同化，反而影響前隊友菲金斯（Chone Figgins）以及從未同隊過的薩塔拉馬奇亞（Jarrod Saltalamacchia）等人，爭相仿效他使用的木棒防潮提箱。

況且一朗也不是唯一愛護球棒的大聯盟打者，他在水手時期的隊友艾德格・馬丁尼茲（二〇一九年入選名人堂）會隨身攜帶磅秤，避免將松焦油（pine tar）塗在握把時影響球棒重量，簡直到了錙銖必較的地步。

到了比賽開始前，一朗不會將自己的球棒置放在公用的球棒架上，相反地，他會將球棒工整地擺放在休息區座位上，倚牆而立，彷彿它們都有自己的座位一般。每個打席退場之後仔細擦拭球棒的塵土與雜草，賽後親自拎回置物櫃。

有趣的是，二〇〇一年一朗赴美挑戰初期，水手全隊上至教練團、下至隊友都對他的作法感到非常新奇。教練麥克拉倫（John McLaren）在季中甚至還用紙箱做了個一朗專用的球棒架，上面寫了他的名字，以防他每次守備回來時，球棒總被其他隊友不小心碰倒。

洋基隊長：做什麼不重要，重要的是管用

球具有「心」，存乎其內？我當然不信這套，就像一朗對球棒一絲不苟的態度，顯然也不是一般大聯盟球員所能體悟的，因此宗教信仰與民族性就成了多數人直觀的解讀。

可是不妨換個角度想，如果一朗連些微的空氣濕度都如此縝密計算時，那就不難想像他對比賽有多用心、多嚴謹。名人堂成員、前洋基隊友基特這段話或許是最佳註腳：「無論他做了什麼，我只知道這是管用的。」

47 世界之翼——隱藏在釘鞋鞋底的祕密

日本知名作家小松成美在二〇〇一年參加水手主場薩菲柯球場的導覽時，發現了一件連鈴木一朗都不知道的事。

在被帶進內野參觀當下，導覽員指著草皮說：「這個球季，水手隊來了個腳程很快、擅長觸擊的球員叫做一朗。為了（讓觸擊的球不再滾動）對這個一朗比較有利，我們在內野的一壘及三壘側分別增加了五英寸寬的草皮。這草皮是為一朗而種的。」

小松成美後來在專訪過程中轉述給一朗，他非常驚訝地說：「真的嗎？我倒是不知道，竟然特地為我種了草皮，那不是準備叫我打觸擊安打嗎？」

他回想之後恍然大悟：「難怪練習時有幾個教練一直問我『會不會觸擊？』」

【神之語錄】

「要比較的人，永遠是自己。」

——鈴木一朗

"Ichiroing"的緣起

另外一個故事發生在二〇一五年六月十三日馬林魚主場迎戰洛磯的比賽，美國轉播單位隨興的自創新詞"Ichiroing"，意外在太平洋彼岸的日本掀起討論熱潮。

事情是這麼發生的：第七局下半，一朗接替第九棒先發投手拉托斯（Mat Latos）上場代打，獲得四壞保送上一壘，接著下一棒高登打擊時，一朗盜上二壘，再利用捕手的傳球失誤一口氣上到三壘，現場轉播的球評興奮之餘，脫口而出：

"Hey 51, what are you doing?"

"Because he is Ichiroing."

球評口中的"Ichiroing"，應該是指「透過精準的選球眼選到四壞球上壘，再發動盜壘，一種不用靠安打就能上到得點圈的概念」。

眾所周知，速度向來是一朗的一大優勢，前面兩則故事不管是內野安打也好、盜壘也好，甚至是外野守備，選手的腳程都是必要條件。

至於一朗如何維持速度？除了自備一套專業器材主攻腿部鍛鍊之外，二〇一五年開季前更換新款的比賽用釘鞋，則是隱藏在腳底、極少被媒體關注的祕密武器。

一朗的球員生涯幾乎是穿著亞瑟士（Asics）釘鞋度過的。二〇〇一年季初，他在小松成美的專訪中這麼形容亞瑟士的新款釘鞋：

「最大的特徵就是很輕，好像赤腳在跑壘的感覺。」

「當初我拜託廠商盡可能做得輕一點，結果他們特地研發出新的材料，單腳竟然可以輕到只有一百五十公克，這是我穿過的釘鞋中最好穿的了。以前只要一穿上釘鞋，就很想換回普通的球鞋，可是現在完全相反，就算穿著普通的球鞋，也很想換上釘鞋。由此可見這雙鞋有多舒服。」

而這款鞋是根據一朗本人與大聯盟球場的特殊需求所研發的：

「幫我做這雙鞋的亞瑟士公司，在各方面都聽取了我的意見。去年以前穿的釘鞋，是在鞋底的皮革釘上釘子，沒想到大聯盟球場比日本還要硬，所以每次跑的時候，釘子都會釘住腳底，感覺很痛。為了解決這個問題，鞋底改用塑膠樹脂製作，而不用皮革。」

「現在我兩種鞋底的釘鞋都有，比較輕的那雙鞋底是皮革做的，可是需要做一些比較激烈的動作時，穿樹脂鞋底的會比較輕鬆。我想，在美國穿樹脂鞋底的機會會越來越多。」

既然亞瑟士釘鞋如此好穿，那二〇一五年為什麼又要換穿新品牌？

穿上「世界之翼」

因為新款比賽用鞋神奇地增快了一朗的跑壘速度！

二〇一五年三月十五日馬林魚對老虎的熱身賽，一朗在第六局下半安打上一壘後，嘗試盜二壘被阻殺。賽後受訪時他說了一段耐人尋味的話：「時間上是可以安全上壘的，但我的腳來不及觸到壘包。」

等一下，這不是自相矛盾？既然有時間安全上壘，那腳又怎麼會來不及觸壘？

幾天後，負責提供一朗比賽用鞋的日本「世界之翼」公司創辦人小山裕史博士透露了線索：「我認為一朗該換另一隻腳觸壘。」

原來「世界之翼」提供一朗新款比賽用鞋的最大特色，在於顯著增快跑壘速度，使原定時間可以跑二十公尺的距離將因此增加2.5公尺，而且跑壘步幅加大。換言之，在壘包距離固定之下，新款釘鞋將幫助棒球選手在跑壘時至少省個一步以上。但也因為步幅的改變，跑者在起跑和滑壘的距離必須重抓，否則原本的滑壘方式將變得太過或不及。

過去一朗滑壘的慣性是用右腳觸壘，但新款釘鞋增快跑壘速度與加大步幅，讓他有必要重新調整步法，這也就是為什麼會產生「明明有機會先上二壘，卻因為步法錯誤，反而來不及以慣用腳觸壘」的問題。

至於「世界之翼」新款釘鞋在設計上最大的奧祕，其實就在鞋底：一般棒球釘鞋每一隻鞋底通常有六到九個鞋釘，而「世界之翼」新款十三個鞋釘的設計，不但更多更輕，而且在位置上，包括腳根、腳拇趾和小趾等支撐腳底的部位反而沒有鞋釘，這種設計的目的是為了消除地面的反作用力，減少腳的負擔。

在日本，包括青木宣親、山本昌等名將都是這款釘鞋的愛用者；在台灣，統一獅隊投手「嘟嘟」潘威倫二〇一三、一四連兩年球季結束後都到日本鳥取「世界之翼」訓練中心自主訓練，當時他也訂做一雙與一朗同一款的釘鞋在訓練時穿。

「世界之翼」的鞋款都要量腳型，潘威倫等了超過半年才到手，不過效果顯著：「穿一般鞋子，上半身容易傾斜或後倒，但這雙釘鞋能讓身體自然直立，不會有多餘負擔。」

重返年輕的祕密

至於「世界之翼」新款比賽用鞋，對於一朗的跑壘速度到底帶來多大改變？小山博士以打者上到一壘的時間來做說明。

二〇一二年在紅人小聯盟單季一五五次盜壘成功、二〇一四～一七連四年在大聯盟超過五十次盜壘成功的漢彌爾頓（Billy Hamilton），跑上一壘只需要3.3秒。根據大聯盟專家海曼（Jon Heyman）的說法，球探在對跑壘速度評分時，右打者跑上一壘在四秒以內、左打者在3.9秒以內，通常就能拿到滿分八十分，漢彌爾頓速度之快可見一斑。

至於一朗呢？二〇〇一年他在水手的菜鳥球季，跑上一壘大約是3.7秒，十年後他的跑壘時間增加到4.0至4.1秒，比初到美國時足足多了0.3至0.4秒。

而新款釘鞋對一朗跑壘速度有多大的改變？小山博士認為要看一朗打的是速球還是變化球而異，但一般來說大約可以少個0.3秒。

0.3秒？聽起來差異不大，但請注意，這足以讓一朗回復剛到大聯盟時的顛峰速度。在棒球比賽中，0.3秒的差異有機會為一朗增加更多內野安打及盜壘成功，進而成為比賽勝敗的關鍵。

二〇一五年開季前，一朗在水手時期的老隊友摩斯以自由球員身分加盟馬林魚。他回憶水手時期一朗最不可思議之處，在於每個人都不斷變老，只有一朗越變越年輕。

必須說摩斯真的誇大了，歲月並沒有、也不可能放過一朗，從最後幾年不斷下滑的打擊數據就看得出來。我也不認為一朗真如小山博士所言，換了新款球鞋就能回復到顛峰時期的跑壘速度。

但看看一朗的努力吧！除了在釘鞋這種小地方用心之外，他每天使用多達八種「初動負荷」訓練器材，一天四次自我訓練——包括起床後、球隊伸展暖身前、比賽前、回家後——而且從他上大聯盟之前就開始規律進行。這就是一朗大聯盟生涯只進過一次傷兵名單的祕訣。

歲月真的沒有放過一朗，但他的努力與毅力，也正是他之所以偉大的地方。

48 初動負荷理論與祕密健身房

二〇一二年美聯分區系列賽洋基對金鶯第二戰，鈴木一朗在第一局上半靠金鶯內野守備失誤站上一壘，接著坎諾（Robinson Cano）擊出右外野深遠安打，一朗繞過二、三壘直衝本壘搶分。

當金鶯捕手威特斯（Matt Wieters）接到回傳球、守在三壘邊線附近準備觸殺跑者時，一朗距離本壘至少還有五～六步的距離。只見他非常技巧地扭腰向右閃過捕手手套，隨即回身準備以手觸壘得分。

面對早一步回防本壘、守株待兔的捕手，一朗飛身前撲、左手撐地，等捕手伸長手臂要觸殺他的左手臂與上半身，他再次扭腰閃過捕手手套，身體騰空換手，改以右手碰觸本壘板。

主審大動作雙手平舉，做出「Safe」手勢，一向冷靜自持的一朗也忍不住高舉左手，原地躍起，慶祝自己在這一瞬間連續兩次以毫釐

【神之語錄】

「我始終以『一生懸命』的態度在打球。即便今天沒有打出好成績，但也不會因此覺得後悔、慚愧，因為我知道自己已經盡了最大的努力。」

「我每天都傾盡全力，毫無保留。如果還有餘力，那就是我的問題。」

——鈴木一朗

之差閃過捕手手套的本壘攻防。事後一朗對於這次「神跑壘」也頗為自豪：「金鶯捕手威特斯是聰明的選手，我猜想，唯有出其不意，才能創造得分的契機；換句話說，我試著去混淆他，因為這是場心理與生理的同步戰爭，現在回想起來還是覺得有趣。由於這是客場比賽，得分後我沒聽到球迷的歡呼聲，反之，觀眾不可置信的驚呼聲更讓我的內心覺得震撼。」

當時三十九歲的一朗，這種超乎一般運動員的柔韌性，不僅展現在跑壘，更是他驚人揮棒速度與外野美技防守的力量來源。最好的證明就是一朗長達十九年的大聯盟生涯，只有二〇〇九年開季因為胃潰瘍而被列入傷兵名單，他完全沒有因為肌肉相關的受傷，而在傷兵名單待過任何一天。

一朗將這些歸功於他的「祕密健身房」。

一朗的「祕密健身房」

一朗的「祕密健身房」裡面放置八種設備，而且全部來自同一家製造商——「世界之翼」。這家日本公司只提供設備給機構而非個人，但身為國寶的一朗當然例外，公司甚至為一朗量身訂做客製化的個人專屬設備，這些訓練器材都經過專利申請，專門為了棒球員投球、打擊、跑壘、守備的動作而設計。

一朗有多倚重這套設備？根據二〇一三年《華爾街日報》報導，當時效力洋基隊的一朗在紐約家裡與日本的父母家都放了一套，他甚至還商請神戶一家飯店讓他將七台訓練設備寄放在飯店的儲藏室，好讓他休季期間回日本鍛鍊使用。

報導當時的一朗正計畫新增兩個地點，一是洋基球團在佛羅里達州坦帕（Tampa）的春訓基地，另一則是洋基球場，而這些想法後來也帶到了馬林魚。據說他加盟馬林魚隊的條件之一，就是要在球團的朱庇特（Jupiter）春訓基地和馬林魚主場放置這套設備。

二〇一五年，馬林魚球團在春訓基地球員休息室後方規畫專區，置放一朗的專屬訓練器材。媒體這才發現他所謂的「祕密健身房」其實也不過是一個貨櫃，後來意外成為馬林魚春訓期間的熱門觀光景點。

乍看之下，這套設備與傳統健身器材有一定的相似度，但幾個關鍵性的差異決定了訓練方式與成果。首先，這套設備著重快速的節奏與正確的運動方式，而且重量訓練的程度遠低於傳統健身器材；其次，這套設備的自由度高，讓使用者可以針對多面向活動範圍，增加對應關節活動的自由度。

至於這套設備的設計原理則是基於「初動負荷理論」（Beginning Movement Load Theory，簡稱BMLT），也就是設備外觀隨處可見的四個英文字母。

永遠忘不了第一次使用設備後的笑容

初動負荷理論是小山裕史所提出，他是早稻田大學人文科學博士，後來擔任鳥取大學醫學院客座教授、高崎健康福祉大學教授，也是「世界之翼」公司的創辦人。一九八一年，小山博士在鳥取市創建「世界之翼」訓練中心，並擔任「日本運動員協會」（Japan Association of Athletics Federation）等幾個運動組織的健身教練。

一九九四年，小山博士正式提出初動負荷理論，後來陸續被鈴木一朗、高爾夫名將青木功、足球選手三浦知良及本田圭佑、女網選手杉山愛所採用。至於被他指導過的職棒選手更是族繁不及備載，除了一朗和他的小老弟——達比修有與川崎宗則之外，還包括山本昌、中嶋聰、藤井康雄、大島公一、村松有人、金炳賢、今中慎二、武田一浩、齊藤和巳、横田久則、二岡智宏、藤井秀悟、林昌勇、岩瀬仁紀、吉見一起、石川雅規、齊藤佑樹、田中賢介、糸井嘉男、內川聖一等。

至於該如何解釋初動負荷理論？「將造成動作初期負荷的高度緊繃感，用某種方法達到舒緩，為防止互為拮抗的肌肉以及其他進行拮抗作用的肌肉同時收縮，依序產生放鬆，伸展而後收縮的一系列運動」。

換言之，在正常重力環境中，人體是處在有壓力的情境，因此肢體部分的反射功能是被壓抑的，而有力量的動作需要從一個放鬆的狀態開始。初動負荷訓練的特點在於將肌肉不合理的張力減到最少，使得動作開始時的負荷是最小的，然後維持在最小張力的狀態下，逐漸延展而後發力收縮，產生最大效能。綜上，「初動負荷設備」設計的目的，就是讓運動員藉由這種訓練方法，將動作初期所產生的壓力，轉變為使肌肉弛緩的力量。

這套理論的起源，出自小山博士擔任教練與從事研究的過程中，看到太多運動員和年輕人因為練習過度而受傷，他說：「人體常因重力、負重、扭曲等各種原因而受傷，運動過程也容易造成肌肉緊繃，因此，任何運動若不能兼顧平衡，只會造成肌肉受損，甚至增加體內器官的負荷，進而導致身體受傷。」

小山博士也點出一般運動員訓練時最大的錯誤，在於過度強調重量訓練，忽視多面向的活動範圍，如此只會導致肌肉更僵硬、更緊繃，缺乏運動該有的柔韌性與機動性。換言之，過度重量訓練所練成的肌肉僵硬而缺乏柔韌性，將導致運動員在競爭激烈的運動比賽中，喪失必要的肢體靈活度與敏捷度。

反之，初動負荷理論則主張在訓練動作開始時的負荷應該是最小的。上述理念形成小山博士的研究目標，他想設計一套能延展和放鬆肌肉的機能性健身設備，讓使用者在事先規畫的訓練模式中，透過相對不受拘束的運動過程，來達成肌肉活化的目的；換言之，有別於傳統重訓，在「初動負荷理論」之下，訓練動作一開始的負荷應該是最小的，而且在過程中增加肢體關節旋轉訓練，俾增加柔軟度、關節活動度與爆發力。

過去國內媒體對於何謂「初動負荷」訓練原理也做過介紹：使用者在使用初動負荷訓練設備時會有先被往上帶的力量，達到近零負荷狀態下訓練，由於運動員在比賽通常為瞬間動作，需要瞬間爆發力，因此初動負荷訓練設備的操作模式為先放鬆再施力，符合運動員在比賽場上的各種揮、擊、踢、打等動作，與傳統重訓先施力再放鬆的訓練模式完全相反。

至於這套理論的實證成果如何？二〇一四年一項研究指出，經由初動負荷訓練八週後的高

齡長者，在上下樓梯、從椅子上起身、單腳站立保持平衡等運動項目上有顯著的進步。當然，一朗也是初動負荷理論最重要的實踐者之一，小山博士回憶說：「我永遠忘不了一朗第一次使用這套設備後的笑容，他說：『當我用這套設備訓練時，我的肢體反而更加柔軟。』」

顛覆傳統，實踐自由度更高、講求平衡的訓練方式

在小山博士提出初動負荷理論初期，因為顛覆了許多以重量訓練為主軸的理論，故而遭受不少非議。但時至今日，許多觀念已經逐漸融合在運動員日常訓練的小動作之中，例如一朗在賽前傳接球練習最後的反手背後接球，以及達比修在休季期間以左手練投，其實就是在實踐自由度更高、更多元化並講求平衡的訓練方式，以達到肌肉活化的效果。

最後，回到一開始一朗被網友奉為神人的「變態走壘」、「忍者生還術」，有注意到當時對手金鶯的先發投手是誰嗎？這個苦主，就是台灣旅美投手陳偉殷！

49 亟欲保護的私生活與媒體應對之道（上）

你聽過鈴木一朗的網路笑話嗎？

鈴木一朗今天穿洋基球衣上場了，我坐在客廳看比賽轉播，我爸從廚房走出來，然後……

爸：「哦！鈴木一朗咧？」

我：「現在換到洋基隊了，第八棒，剛才還盜壘成功！」

爸：「盜壘咧！哇洗恭：『林母伊郎』咧（台語：你媽人咧）？」

名字被拿來玩台語諧音梗，這只是一朗在台灣受歡迎程度的冰山一角，而且比起日本更是小巫見大巫。

一九九四年一朗的橫空出世，讓過去媒體採訪時「只能當背景」的他，突然成為全日本鎂光燈追逐的焦點。為了捍衛自己的隱私與生活，一朗與日本媒體長達二十多年的戰爭於焉展開。

【神之語錄】

「『請為我加油』這種話我說不出口，但我想努力成為值得球迷繼續支持的選手。」

——鈴木一朗

名氣是兩面刃，賠上的是私生活與個人隱私

日職時期的一朗有多紅？他的經紀人安塔納希歐（Tony Attanasio）這樣對美國媒體比喻：「以馬怪爾（一九九八年以單季七十支全壘打締造大聯盟新紀錄）為例，把他在美國受歡迎的程度乘以一百倍、甚至兩百倍，你大概就能想像一朗在日本受歡迎的程度。我在這個行業這麼久，見識過不少超級巨星，但從沒見過哪一項運動的哪一位球員受到如此待遇。」

不過這卻是一朗與日本媒體關係惡化的開始。一九九四年一朗原本和隊友田口壯一起騎車到球場比賽，隔年（一九九五）促使他改為開車的強烈動機，就是為了維護自己的隱私。而且有別於其他選手允許記者賽後包圍在車子周遭採訪，一朗要求媒體與他的車子保持距離。

題外話，自從一九九五年開車來回球場以來，玩車（如改裝汽車音響）變成一朗在棒球以外的興趣，他曾經形容「車子是聖域，是一個人放鬆心情的空間」、「來回球場的時候絕對不載人，因為這段時間是集中注意力或放鬆心情的重要時刻」。

不只是球場內外的體育記者，一朗更厭惡那些侵擾他私生活的狗仔，他曾經告訴ESPN：「在日本，媒體過度侵犯我的生活隱私，他們會跟蹤我到理髮店或餐廳，然後採訪理髮店或餐廳其他的客人。」

而這種狀況並沒有隨著一朗赴美加入水手隊而停歇，反而進入另一個更瘋狂的新境界，這得從日本職棒生態開始說起。一朗所屬歐力士球團位在太平洋聯盟，而過去日本職棒素有「人氣的中央聯盟，實力的太平洋聯盟」這種說法，中央聯盟包括傳統豪門巨人及人氣鼎盛的阪

神，主場平均觀眾人數甚至超越洋基、紅襪、小熊等大聯盟超人氣球隊。因此即便二〇〇〇年以前的一朗是日本職棒家喻戶曉的看板球星，但他與歐力士隊的比賽不一定能得到電視台的青睞，因為多數日本棒球迷各自有支持的球隊，其中巨人及中央聯盟才是吸睛的焦點。

可是二〇〇一年一朗渡海挑戰大聯盟之後，一切都改變了，就如棒球暢銷書作家懷廷（Robert Whiting）所言：「突然之間，他的每場比賽ＮＨＫ都會轉播，大家都想看他打得怎麼樣。」

一朗的成功相當程度地提升了日本的民族自信心，朝日新聞一則評論就提到：「日本在美國眼中曾是『沒有面孔的民族』，只專注在外銷汽車和電子產品。日本棒球選手的傑出表現和正面性格已經改變了日本人在美國人心目中的形象。」

自從一朗加入水手隊開始，日本的早晨就從水手每場比賽的實況轉播揭開序幕，報紙、地鐵廣告、T恤隨處可見一朗的臉。二〇〇一年一項民調，一朗躍居全日本最有名的人，明仁天皇只能排名第二，而且遙遙落後。

這場風暴甚至逆襲日本職棒，二〇〇一年讀賣巨人比賽的電視轉播收視率只有15.1%，這是有史以來第一次收視率低於20%；有作家形容當時「漫步在東京街頭一小時內就能看到水手隊標誌，但一個禮拜可能都看不到巨人球帽」；二〇〇七～〇九年效力日職阪神、歐力士二隊的投手佛格頌則說：「在日本街頭，每個轉角都能看到一朗，不只廣告看板，到處都是如此；電視上經常能看到水手隊的比賽，他的臉我已經看膩了。」

即便一朗在大聯盟生涯後期轉任替補，表現大不如前，加以達比修有、田中將大、大谷翔平搶走不少媒體版面，但一朗在日本依舊享有崇高的地位及巨大的影響力。曾經有一年春訓，日本媒體拍攝到一朗穿了一件歐力士隊的絕版短T，照片透過網路在日本瘋傳之後，球迷竟然用電話打爆歐力士球團專線，最後逼使球團重新上架這件短T。

再說到媒體隨隊採訪，一朗在水手隊的最顛峰時期曾經同時有將近一百五十名日本記者隨隊採訪。曾任馬林魚球團發言人的羅巴克（Matt Roebuck）過去正是水手球團員工，他回憶說：「現在採訪一朗的記者比起以前的大陣仗，可是完全不同的層次，當年任何一次練球、任何一場比賽，都有超過一百名日本記者隨隊採訪，從來沒有人處理過這種狀況。」

二〇一五年一朗加入小市場球隊馬林魚，隨著他旅美十餘年的熱潮衰退與日本媒體預算緊縮，後來專職採訪一朗的日籍記者剩下六到七位，但這已經不容易了，因為這個人數比隨隊採訪馬林魚全隊的五名美國記者還多。

再舉一例：二〇一五年四月二十九日一朗敲出該季首轟，當時是日本時間上午十一點，在日籍記者即時上傳之後不到一小時，這支三分彈成為日本Yahoo!網站點擊率最高的新聞之一。

這種無人能及的跨海成就與知名度，賠上的卻是一朗的私生活和個人隱私。況且早在他挑戰大聯盟之前，一篇雜誌報導徹底破壞他對日本媒體的信任。一朗回憶說：

「某本月刊刊載一篇宣稱是一朗本人寫的日記，然而我根本沒寫過這篇日記，更不知道有這樣的內容。可是因為上面登的是我的名字，報導看起來就好像真的一樣。」

「日記上面寫著：『我想去大聯盟。』我該怎麼理解這件事？寫這篇文章和刊登的人到底在想什麼？雖然覺得過意不去，但從這件事情之後，我就再也沒辦法輕易相信別人了。」

日本媒體的心聲：「希望一朗在美國失敗收場」

日本媒體的作風不僅困擾一朗，也影響他周遭的教練及隊友。曾經有一場比賽，一壘壘包上的一朗在下一棒打者卡麥隆（Mike Cameron）球數一好三壞時盜二壘，結果打者揮空、跑者被傳球阻殺，賽後日本記者竟訪問卡麥隆為何會揮空，害一朗盜壘失敗；此外，日本記者鉅細靡遺計算一朗賽前打擊練習的揮棒次數，然後去詢問打擊教練，為什麼他的揮棒次數比前一天少。

種種脫序行為，致使一朗從不吝於表達對日本媒體的敵視：

- ESPN專訪一朗最想要什麼超能力，一朗回答：「隱形，我想到任何地方看任何事物，都不需要讓誰知道。」
- 傳聞有日本八卦雜誌以二百萬美元懸賞一朗的裸照，他開玩笑回應「如果這是真的，那我就自拍寄過去」；在被問到底要多少代價才能讓他拍裸照時，一朗回答：「只要這些八卦媒體從此消失在地球上，我就拍。」
- 被問到是否採取什麼精神訓練（如冥想、看自己比賽的影帶）？一朗回答：「我不去接觸一些無用的資訊，簡單來說就是日本的運動報、八卦雜誌。如果在意日本媒體到底是怎麼看待我的，只會造成我的壓力。尤其是負面意見，就算嘴巴說不在意，也絕不會有正面的幫助。這雖然不能算是訓練，但的確是我一直很徹底執行的一件事。」

一朗對日本媒體的種種敵意發言與刻意設限，不斷激化雙方的對立，知名體育評論家玉木正之就曾代表媒體說出他們的心聲：「他是個控制狂，他認為只要自己不講話，別人無從得知他的想法，他就不會被批判。他是偉大的球員，但態度傲慢，無法溝通協調，所以絕大多數日本媒體的內心深處都不喜歡他，大家甚至希望他在美國以失敗收場。」

50 亟欲保護的私生活與媒體應對之道（下）

鈴木一朗以「難訪」出名，不只對日本媒體如此，對美國媒體亦然，即便簡單的問題也不例外。在加盟水手隊四年之後，有美國媒體問一朗最喜歡西雅圖什麼地方或什麼事物？他的回答枯燥到不行：「我來這裡就是為了打棒球，所以我想你們可以這麼說，我在這裡最喜歡的一件事就是上場比賽、站在打擊區。」

當被問到如果不打棒球，可能會從事什麼職業時，一朗直接拒答：「我已經在打棒球了，沒有必要去想這種假設性的問題。」

能把如此簡單的問題回答得這麼乾、這麼謹慎而不帶任何情緒，歸納可能有以下原因：

1. 父親宣之從小的教育：宣之從一朗幼時就一再告誡他「不要因為粗野的行為而影響內心的平靜，進而導致專注力潰散」。當這些思想

【神之語錄】

「世人對我評價不一，這是他們的自由，但我不會因此而感到困惑。」

——鈴木一朗

根深蒂固在一朗心中，就養成他後來自制而專注的人格特質，例如從少棒開始，一朗就不像其他小朋友會為了一個nice play而雀躍，相反地，他對於自己打全壘打或再見安打，表現得好像是全世界最自然也不過的事情一樣。

2. 日本傳統文化使然：日本人向來注重隱私保護，避談隱私被視為理所當然。曾經有記者詢問一朗愛犬的名字，他拒絕回答，理由是「我沒有得到我家狗狗的允許」。從上述回答也感受得到，一朗似乎在刻意學習日本智者的應對方式。

3. 控制狂、完美主義者：如同體育評論家玉木正之所言，一朗要求完美，他認為只要自己不講話，別人無從得知他的想法，他就不會被批判。

4. 不輕易流露情緒：一朗曾說過，「我會緊張，會懊惱，就跟一般人沒有兩樣，但我不想讓其他人感受到我的情緒，或從外表看到我的鬥志。」

5. 刻意裝酷，保持神祕：對美國媒體來說，不管是一朗隱身在Infiniti G35 Coupe車窗後的臉，或是他戴著Oakley Thump太陽眼鏡的雙眼，都像是戴面具一般地神祕。與一朗有九年同隊之誼（五年在歐力士，四年在水手）的投手長谷川滋利認為一朗的酷是他刻意裝出來的，就如同他回答問題的態度一般。長谷川說：「最近我看兒子打球，他和一朗簡直一個樣。一朗的內心還是個小孩，喜歡打球也享受打球，他只是在裝酷罷了，這是我們必經的成長過程，只是包括我在內的多數人已經遺忘了。」

6. 人生只執著在棒球：不是一朗刻意回答得太乾，而是他的人生真的只有棒球。長谷川說：「我常問他休息日都做些什麼，他的回答總是千篇一律：『我要去遛狗。』就這樣。他就是愛棒球，沒有其他的生活習慣。」一朗自己也說：「棒球是我唯一想到的事。」

弓子夫人：年營收一百億日圓的美魔女社長

說到一朗亟欲保護的私生活，就不能不提他的另一半——鈴木弓子。

弓子冠夫姓之前本名福島弓子，說來諷刺，她婚前的工作是TBS電視台主播，正好是一朗最討厭的職業。

事實上一朗年輕時異性緣相當不錯，緋聞對象包括女明星葉月里緒菜、寶塚歌舞劇團女演員等。當一朗選擇大他七歲的弓子時，曾經有日本記者半開玩笑半諷刺地說：「一朗看得到時速一五〇公里速球上的縫線，卻看不到弓子眼睛周圍的細紋。」

但在兩人婚後、特別是一朗挑戰大聯盟之後，媒體與大眾逐漸發現兩人是完美的互補。慶應義塾大學畢業、任職新聞業的弓子英文流利，她協助一朗學習英文，還多次權充臨時翻譯；兩人在赴美前，弓子比一朗更瞭解美國文化，一朗留鬍子就是她建議的，她告訴一朗：「你留鬍子看起來就像布萊德·彼特！」

對骨子裡傳統的日本人來說，弓子堪稱日本「完美女性」的代表。她單身時事業成功，婚後則辭去光鮮亮麗的主播工作，專心在家負責一朗的「體調管理」（健康管理）：弓子特地去學專業等級的烹飪技術，日本、中華、法國、義大利料理都難不倒她，同時輔以營養成分的計算；據報導，她每天花三個小時購買食材，還必須預測比賽結束的時間，讓一朗一到家就能吃到熱騰騰的飯菜。

至於夫妻倆共同現身在公開場合時，弓子總是穿搭得體，還曾在旅行期間被拍到她走在一朗身後大約三步的距離，代表日本傳統婦女對丈夫的尊敬。一個讓日本民眾印象深刻的畫面是，二〇一九年三月二十一日一朗在東京巨蛋宣布退休，隔天夫妻倆現身成田機場，準備搭機返回西雅圖，五十三歲的弓子美貌依舊，披肩長髮，簡單又有品味的黑色外套搭配牛仔褲及鉚釘靴，雖然走休閒、中性風格，但藏不住嫻靜高雅的氣質，這樣的穿搭被時尚界人士大讚是**「運動明星夫人最恰如其分的裝扮」**。

不只「上得了廳堂，下得了廚房」，弓子還被日本媒體稱呼為「一百億円社長」。弓子認為大聯盟明星球員妻子的工作之一就是「資金管理」，也或許由於娘家在島根縣松江市經營造船業的關係，家學淵源的她頗有生意頭腦。他為一朗管理的ＩＹＩ資產公司在西雅圖、洛杉磯等地投資大量房地產，年營業額號稱一百億日圓，就連她在華盛頓州開設的高級美容院「eN Salon Musée」也在當地名人之間小有名氣。

再說到私人生活的維護，一朗和弓子在日本交往期間最有趣的傳說，就是一朗曾經用地毯將自己層層裹住，置放在貨卡車（Pickup Truck）後斗，好讓他可以穿越重重記者的包圍去和女友約會。後來為了躲避媒體的追逐，兩人特地安排在洛杉磯一座高爾夫球場舉辦簡單的婚禮。

赴美之後一朗對生活的要求也很簡單，他請水手球團找一個三房公寓，多出來的一個房間讓他在家裡練習揮棒使用。因為在當地沒有朋友，一朗只能靠開車來紓壓，而弓子則煩惱買不到像日本那樣好吃的牛肉和新鮮的魚。即便生活得像普通人，但一朗受訪時卻笑著說，弓子到美國比他更開心，因為他們終於可以正常生活，這也是弓子結婚以來第一次感覺自己擁有一朗。

一朗的媒體應對之道

雖然與媒體的關係長期緊繃，但一朗在生涯中後期理出的媒體應對之道，殊值國內運動選手及媒體從業人員參考：

一、與日本記者的互動方式

一朗每天固定接受小西慶三和小林信行兩名資深記者的採訪，再由小西和小林將談話內容轉達給其他新聞同業。除非是大場面，他才會邀請所有記者一起來採訪。

透過小西和小林傳話固然是基於長期的信賴，但主要目的是為了避免每天大批記者在球員休息室採訪，造成隊友間的騷動。小西就說：「如果每天都有特定球員接受大型採訪，那必然會干擾到其他球員。必須謹記我們是在美國，一個截然不同的國家，即便他有再偉大的成就，

我們都必須以不干擾其他人為優先考量，維持禮貌是必要的。」

一朗也認為這就是美日棒球文化的差異所在。「每天賽後在球員休息室面對媒體，是一件非常累人的事情，」他說，「在日本，球員休息室僅供球員使用，媒體是不能入內採訪的。但在美國，媒體自由進出球員休息室的結果，就連我穿什麼內衣都能被拿來做文章。」

二、面對國際媒體採訪的應答方式

一朗處事謹慎與一絲不苟，從他愛護球具、賽前伸展操到他對媒體說的話，一再展露無遺。雖然平常用英語和隊友溝通，但在接受國外媒體訪問或舉行記者會時，一朗一定會請他的專屬翻譯透納進行現場口譯。

透納高中是棒球選手，他在球員休息室有自己的置物櫃，賽前練習負責和一朗傳接球，比賽開始後則待在場邊的球員休息區。

對一朗來說，透納能將他想傳達的語意，精準地以英語表達出來；而對透納來說，這件工作則是另類的夢想實現，他說：「我從小的目標就是成為大聯盟選手，而這份工作讓我在某種程度上實現了這份夢想。」

所幸一朗在大聯盟這十多年，對於日本媒體也是一種再教育。例如一朗剛到美國的前幾年，有狗仔隊或八卦媒體試圖挖掘報導一朗和隊友的隱私，幾年下來這些人依舊存在，只是更懂得尊重彼此。

看看一朗面對媒體的謹慎與貼心，想想過去台灣媒體蜂擁在洋基休息室採訪王建民的光景，再想想媒體向金鶯總教練修瓦特（Buck Showalter）詢問有關陳偉殷的瑣碎問題，上述「一朗經驗」值得參考。

51 水手51號的競爭與傳承

「我知道藍迪．強森在一月入選美國棒球名人堂，我猜西雅圖水手隊是不是考慮讓他的51號球衣永久退休。可是對日本人來說，水手51號是屬於鈴木一朗的。我想知道岩田先生對於這件事情的想法，因為你同時也是水手球團大股東——美國任天堂公司的CEO。」

「岩田聰」這個名字你也許沒印象，但說到Wii、NDS遊戲機和「精靈寶可夢」、「超級瑪利歐」、「動物森友會」、「薩爾達傳說」等多款膾炙人口的電玩遊戲，岩田聰都是重要的推手，因為他是日本任天堂公司第四任社長。

上述對話發生在二〇一五年六月二十六日，日本任天堂公司第七十五屆股東會上，一名投資人向岩田社長提出的問題，兩個禮拜

【神之語錄】

「人們說我是開拓者、先驅者，但不管別人怎麼說，這都是外界的看法，不是我跨海挑戰大聯盟的目的。我來這裡就是為了打棒球。」
「若不能發揮百分之百的實力，達到踩足油門的狀態，就無法發揮一朗這個球員的魅力。」
——鈴木一朗

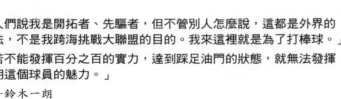

後，岩田就因為膽管癌而辭世。

提出質疑的日本投資人顯然是棒球迷，他在意的顯然也不是藍迪．強森，而是與強森同樣在水手穿過51號球衣的日本國民英雄——鈴木一朗，投資人的動機無非是想藉由日本任天堂的岩田社長來影響水手球團的球衣背號決策。

而從岩田當天在股東會回答時的字斟句酌，不難看出他對這個問題的態度有多謹慎：「關於水手球衣背號51號的問題，事實上美國任天堂並未持有水手球團百分之百的股權，所以關於球團的任何重要決定都必須和其他股東共同商議。我個人和一朗見過幾次面，也非常樂意和他維繫現在這樣的友好關係，但是對於您在股東會所提的這個問題，我想我並不適合以現在的身分，在這個公開場合發表我的評論，感謝您的諒解。」

爭議不休的問題：水手51號屬於巨怪還是一朗？

不得不承認，這在大聯盟史上確實不多見：兩個名人堂等級的選手，一前一後在同一隊穿著同一個背號的球衣，同樣做出偉大的貢獻。

至於歷史上不多見的原因，許多時候是來自球團的刻意維護，以水手為例，球團在艾德格．馬丁尼茲、總教練皮尼拉、布納（Jay Buhner）、小葛瑞菲退休（或離隊）後，實質上已經「鎖住」他們穿過的11號、14號、19號、24號，不再提供教練和球員使用；至於強森的51號在他一九九八年季中轉隊後也一度被鎖住，只是二〇〇〇年底的「新人」一朗實在是太特殊的存在，早在他加盟水手之前，51號就是他的註冊商標，因此球團不僅雙手奉上以示尊重，更期待他將這個背號繼續發揚光大。

至於近年來有過這樣的例子嗎？二〇一八年入選名人堂、台灣球迷戲稱為「無差別攻擊流」掌門人的葛雷諾（Vladimir Guerrero），二〇〇四～〇九年效力洛杉磯天使隊時期穿的是27號球衣，而二〇一一年起天使27號球衣的新主人則是當代最強打者楚奧特（Mike Trout）。不過楚奧特還年輕，況且葛雷諾效力天使也只有六年，問題不大。

只是同樣的問題發生在強森與一朗身上，卻顯得複雜而有趣多了。生涯五座賽揚獎、4,875次三振高居史上第二（僅次於萊恩的5,714次）的強森，二十二年大聯盟生涯有將近十年都穿水手球衣，WAR值39.0排名水手隊史第五；一朗則不遑多讓，大聯盟生涯十四個球季效力水手，WAR 56.2，未來也有極高的機率入選名人堂。再加上一朗在日本的崇高地位，這個問題已經在美、日棒球社群多次引發論戰。

但請恕我無法認同部分日本球迷「水手51號屬於鈴木一朗」的想法。回歸棒球比賽的初衷吧！想像一下，如果一朗在二〇〇一年加盟時強森仍效力水手，那一朗有機會穿上51號球衣嗎？不可能（除非在此之前強森更換其他背號或願意出讓，但機率太低了）。這是棒球比賽先來後到的問題，無關誰比較偉大。

同樣的道理，當強森先一步退休並入選名人堂後，以他在大聯盟的歷史地位以及對水手的卓越貢獻，倘若水手認定強森符合退休球衣背號的資格，那麼球團其實也無須考慮一朗，這是另一個先來後到的問題，也無關一朗是否比強森更偉大。

寫信給強森「我不會讓這件球衣蒙羞」

「水手51號屬於鈴木一朗」？我相信對謙沖自持、謹守前後輩分際的一朗本人，他絕不會這麼想。早在他二〇〇〇年球季結束後挑戰大聯盟、決定穿上水手51號球衣之前，就抱持著戒慎而尊敬的心情，他甚至曾經寫信給強森說，他不會讓這件球衣蒙羞。

另外一個例子，一朗二〇一二年七月被交易到洋基隊，當時伯尼．威廉斯與洋基的合約在二〇〇六年到期後即未再出賽、但也沒正式宣布退休，以致他在洋基的51號球衣一直處於保留狀態。時隔五年，被交易到洋基的一朗並未要求穿51號球衣，反而主動換成31號，他說：**「51號對我有特殊的意義，只是當我想到這個號碼對洋基的意義也是如此特別時，我實在開不了口。所以我寧願換上新背號，再創造成為自己的另一個招牌。」**受到日本傳統文化養成的一朗，選擇用這樣的方式來表達對其他選手的尊敬。

同一個球衣背號擁有兩位名人堂等級的球星，水手永久退休51號只是時間與方式的問題而已。參考水手球團對於退休球衣背號的官方政策，條件有二：「入選名人堂且生涯效力於水手至少五年」，或「未入選名人堂但票數接近，且生涯主要效力於水手」，二〇一五年入選名人堂的強森顯然符合前者。

強森選擇戴著亞利桑那響尾蛇球帽進入名人堂，並將水手列為他的「主要球隊」

（primary team）。相較於響尾蛇球團在強森入選名人堂同一年的八月八日就已經將他的51號球衣退休，水手球團到底還在等什麼？其實答案昭然若揭。合理的預期是水手在一朗入選名人堂之後將51號球衣退休，同時表彰兩人的貢獻。這一天，值得期待！

「安打製造機」與「三振機器」的明星賽初對決

最後來回顧一個有趣的場景，二〇〇一年大聯盟明星賽，第一局下半美國聯盟明星隊的首打席。

明星賽前夕，「棒球美國」（Baseball America）網站公布一項問卷調查結果，在大聯盟總教練心目中，一朗是美國聯盟的最佳跑壘者、最佳打者第二名及最佳防守外野手第三名，知名捕手羅德里蓋茲（Ivan Rodriguez）盛讚「一朗是當今最佳棒球選手」。如此頂級的表現也反映在明星賽的投票結果，再加上來自日本等海外選票的助攻、當年度明星賽在西雅圖舉辦的主場效應，一朗成為大聯盟明星賽有史以來第一位拿下最高票的菜鳥。

身為美國聯盟明星隊的先發第一棒，一朗首打席就對上國家聯盟明星隊先發投手強森，他完全咬中強森的時速九十三英里速球，一棒掃向一壘邊線附近，就在球即將穿越一壘防區之際，當年球季拿下金手套獎的一壘手海爾頓（Todd Helton）飛身美技擋球，跪在地上小拋球給前來補位的投手強森。

只見身高二〇八公分的強森邁開大步全力衝刺，同時大鵬展翅地伸長手臂要去觸殺跑者，可是矮了將近三十公分、體型明顯小一號的一朗卻一溜煙地踏上一壘壘包。還沒完，一出局後一朗盜上二壘，捕手皮耶薩球傳短了，等到二壘手肯特（Jeff Kent）接到球時，一朗已經站在二壘壘包上輕鬆地拉拉褲管、拍拍紅土了。

這一年球季結束後，強森拿下連續第三座賽揚獎，率領響尾蛇拿下隊史第一座世界大賽冠軍，在球隊季後賽十一勝中包辦五勝，與席林並列世界大賽MVP；一朗則是包辦美國聯盟年度MVP、新人王、打擊王、安打王、盜壘王、金手套、銀棒獎。強森與一朗兩人之間的良性競爭，造就了大聯盟近代最著名的51號傳奇。

未完待續

Part 7

52 傳說的誕生——不打瞌睡的兔子

一九九四年，年方弱冠、以片假名「イチロー」登錄的鈴木一朗，寫下日職史上「單季兩百支安打」的罕見紀錄。

站在二壘壘包附近的一朗脖子上掛著花圈，左手揮動頭盔，右手則高舉印有「祝200安打」的圓形手拿板，這一幕就如同王貞治第七五六支全壘打的照片一般，深深烙印在日本國民與棒球迷的記憶裡。

二十歲就站上日本棒球之巔，當時歐力士隊友如何看待這個不世出的天才打者？歐力士前輩、比一朗大了快九歲的佐藤和弘（登錄名「パンチ」）形容他是「不打瞌睡的兔子」。

不打瞌睡的兔子

社會人時期效力「熊谷組」，佐藤在一九八九年選秀會以第一指名加

【神之語錄】

「世上沒有神奇魔法，唯有靠自己取得成果，才能從中建立自信。」
——鈴木一朗

盟歐力士；兩年後，高中畢業的一朗則以第四指名入團。

同樣是右投左打的外野手，一開始佐藤有些在意，但「第一次在春訓營見到他時，只覺得他很瘦，就像高中生的身材」，他馬上就放心了。

只是這種安心感沒有持續太久。當佐藤看到一朗跑步的身影，他馬上意識到這個後輩「不是一般人」；隨後一朗的傳接球非常出色，看他揮棒擊球簡直就像在看網球比賽，佐藤完全被這樣的才能嚇到了。

佐藤引用《伊索寓言》中「龜兔賽跑」的故事，形容一朗就像「不打瞌睡的兔子」。因為每天晚上，一朗都和同年選秀會第一指名的田口壯練打到深夜。

佐藤回憶說：「我是社會人出身的即戰力選手，如果隔天上場交不出成績是不行的，所以**我早早就睡了。反觀這段期間他們一直在苦練，我就這樣被迅速超越了。**」

佐藤用「努力的天才」來形容一朗，同期間擔任二軍教練的弓岡敬二郎也發現了。新人時期的一朗仍住在宿舍，某日凌晨兩點左右，弓岡教練聽到樓下傳來「鏘！鏘！」練打聲，他心想「怎麼有二軍選手練到這麼晚？」下樓一看，竟然是當時已經在一軍大放異彩的一朗。原來他在夜間比賽結束後還是去練打，即便半夜也照打不誤。後來弓岡教練經常告誡年輕選手們：「就算無法成為一朗，但如果不努力去追趕實力強的球員，這樣差距是永遠無法彌補的。」

「一石二鳥」的訓練法

身為日本高校的野球聖地，甲子園留下了許多動人的故事，但也不是每個高中選手都以甲子園為目標。以「討厭甲子園」出名的前日職選手後原富就說過：「如果把人生比作一百公尺賽跑，那麼甲子園只不過在區區十公尺遠。沒必要當作終極目標，盲目地全力衝刺。」

一朗也作如是想。就讀豐山中學三年級時，父親宣之帶著他去拜訪名電高棒球隊監督中村豪，宣之拜託中村監督「甲子園不是目標，我希望您能將他培育成進入職棒的選手。」正因為一朗的目標不是甲子園，導致他對團隊訓練從來不上心。

可別以為一朗自恃天分、疏於練習，他可是非常有自己的想法。入學後沒多久，某天晚上，二年級捕手日比野公彥發現一朗消失了，一個小時後又滿身大汗地回到宿舍。

他忍不住詢問一朗，得到的答案難以置信，「我去沙坑練打。」一朗說。

棒球隊的練習場旁邊有一座田徑場，那裡有跳遠用的沙坑，到了夜晚應該完全被黑暗籠罩了吧！

身為學長的日比野忍不住笑罵：「喂！你傻啦？」他又好氣又好笑。

一朗一邊擦汗，一邊不疾不徐地回答：「在沙坑裡，如果不用上半身的力量全力揮棒，雙腳就會陷入沙中失去平衡；另一方面，即使不跑步也能訓練到腰、腿，一石二鳥。」

雜務繁多的一年級生如一朗，自主訓練的時間有限。在沒有充分時間跑步的情況下，這是他所能想出最有效利用時間的訓練方法。

對此，日比野忍不住感嘆說：「包括我在內，來名電高的每個人都有往職棒發展的想法。但在思考為了達成這個目標該做什麼時，我們和他所處的層次是截然不同的。」

高校野球指導三原則

只是或許連一朗自己也沒想到，高中時期未盡全力投入團隊訓練的遺憾，在他功成名就引退之後，竟然成為他指導高校野球的動機：

「高中時期的我並不重視團隊，比起甲子園，我更執著於成為職棒選手。所以我算是一個糟糕的高中生吧！」

「當時我不愛出聲，是隊上最安靜的人，只是默默地專注於比賽，現在我的想法已經改變了。如果現在的我遇到當時的我，肯定會生氣的。」

「世上沒有神奇魔法，唯有靠自己取得成果，才能從中建立自信。」

自從二〇二〇年十二月首度指導「智辯學園和歌山高等學校」以來，截至二〇二三年止，一朗總共指導過八所高校：

二〇二〇年：智辯和歌山（和歌山）

二〇二一年：國學院久我山（東京）、千葉明德（千葉）、高松商（香川）

二〇二二年：都立新宿（東京）、富士（靜岡）

二〇二三年：旭川東（北海道）、宮古（沖繩）

一朗不只教導棒球技術，更重要的是傳遞思維與生活方式。在溝通與指導過程中，他始終秉持三項原則：

一、不僅僅是一天，而是持續兩天以上共同訓練。

二、縱使團隊水準有落差，訓練內容絕不更改。

三、堅信嚴格的要求對孩子們的未來終將有所助益。

仰木執教哲學的傳承

回到前面提到的弓岡敬二郎教練。一九九三年球季尾聲，一朗被派往夏威夷參加冬季聯盟，確定接任歐力士監督的仰木彬則前往視察。

當時仰木監督詢問人在現場的弓岡教練一句話：「你覺得一朗怎樣？」

弓岡馬上回答：「他完全可以在一軍出賽。」

仰木監督開闊的棒球視野、不拘泥於傳統的想法，再加上後來一朗與田口的成功，都讓弓岡獲益甚多。「如果沒有與仰木監督相遇，田口和一朗可能就不會有後來的成就。人的潛力是難以預測的，只要存在可能性，就應該讓他們嘗試各種挑戰。」弓岡回憶說。

二〇一六年，一位曾經在「福岡六大學棒球聯盟」獲得新人王及全壘打王的強打，以育成選手選秀第一指名加入歐力士，卻始終無法在二軍打出成績。二〇一八年弓岡教練秉持仰木前監督的教誨，建議讓這名臂力極強的野手改練投手，隔年他成為日職史上首位「育成野手出身且轉任投手後，一軍初次先發就獲得勝投」的選手。

這名投手就是來自台灣的張奕！

二〇一九年十一月，張奕代表台灣在世界棒球十二強賽連續十三・二局無失分，刷新大谷翔平所保持的連續十三局舊紀錄。如果沒有弓岡傳承已故仰木監督的執教哲學，也許就沒有現在的投手張奕了。

53 富士高校——四百四十九次揮棒的熱血指導

二〇二二年十二月三日中午，靜岡縣立富士高校的棒球場上，高中棒球選手們在一壘休息區前圍成圓陣。

環繞在富士山頂的雲層漸漸散開了。平常在富士高校的棒球場可以遠眺富士山，但若上午被雲霧遮掩，中午之後通常也難得一見。

不過這一天是少見的例外。

富士高校棒球社有九名二年級生、十名一年級生，共十九名選手。這天上午在稻木惠介監督的帶領下才剛舉辦完「棒球教室」，大約二十名一至四年級的小學生們，在高中大哥哥手把手指導之下，按部就班地學習投球和打擊技巧。

中午十二點二十分，正當稻木監督向選手們精神喊話時，鈴木一朗從本壘後方護網旁的通道走了出來。

【神之語錄】

「沒有經歷過挫折的人生，一點都不會有趣。」

——鈴木一朗

「欸！」「真的嗎？」學生們難掩驚訝的表情。

當一朗走到學生面前時，一位學生鼓起勇氣問：「您是那個模仿一朗的藝人嗎？」（註：搞笑藝人今村健太，藝名「ニッチロー」（二朗），從五官、神態到打擊姿勢都模仿得維妙維肖，常讓球迷誤認是本尊到場。）

一朗苦笑：「不是啦！」隨即解釋來訪的原因：「這次不是大家要求我來，也不是監督請我來臨時指導。我聽說你們不僅在學業上非常努力，還熱衷於推廣、普及當地學童的棒球活動。雖然不知道各位將來進入社會會在什麼領域，但聽說你們有志成為領導者並回饋社會，所以我想來和你們一起打棒球，就這樣。」

「甲子園是我們的目標之一，但不是唯一的目的地」

富士高校成立於一九二二年，一朗造訪當年度正好是創校一百週年。該校是靜岡縣內首屈一指的升學高中，每年考上東京大學及京都大學的學生不在少數。

富士高校棒球隊上次打進甲子園已經是一九八七年的事了。「甲子園是我們的目標之一，但不是唯一的目的地。」稻木監督說，「我從來沒要求學生要打進甲子園，甚至連勝利這樣的目標我都沒提過。」

稻木監督是在二〇二二年春天來到富士高校，到任後他曾詢問選手們：「高中畢業後會不會繼續打棒球？」

沒有一個人舉手。

棒球隊成員有七成是理工科學生，重心都在課業上，事實上同年春天畢業的選手已有不少進入國立大學或頂尖的私立大學就讀。

「在富士高校，將生活的全部都投入棒球，這是不切實際的。」稻木監督說，「參加棒球競技的選手多數在高中畢業後就告一段落。我們只想充分利用有限的練習時間提升實力，並朝著『與隊友一起笑著結束最後的夏天』這個團隊目標而努力。」

富士高校週一到週四都上到第七節課，傍晚五點才開始練球，七點就必須結束並整理場地。週末若沒有比賽則只練習半天，這都是為了讓學生有更多時間念書。

不只練習時間遠少於私立高校，棒球隊的場地也很不理想。球場必須與田徑隊、手球隊共用，外野手常常無法進行守備練習；此外，每週二被定為棒球社的休息日，好將場地讓給其他運動社團使用。即便棒球隊的練習時間與場地受限，選手的課業壓力又大，但稻木監督仍為棒球隊訂定「野球普及三本柱」的目標：一是舉辦學齡前兒童的「棒球交流會」，讓小朋友認識棒球運動；二是針對不打棒球的小學生舉辦「棒球體驗會」，讓他們感受棒球的樂趣，進而提高加入少棒隊的意願；最後則是少棒選手的「棒球教室」，讓孩子們在「有趣」的基礎上進一步學習棒球技巧。

「棒球社員努力打棒球是應該的，但不該只有這樣。應該用更宏觀的角度思考，自己能為社區棒球、乃至於棒球界帶來什麼樣的貢獻。」稻木監督道出他的期許。

而這正是一朗選擇富士高校的原因。他在隔年四月受訪時感性地說：「現在要找個可以傳接球的場地都變得困難，聽說連我小時候練習的球場都上了鎖，沒有許可就不能進去。在這樣的年代，仍有高中生致力於讓社區幼兒及學童接觸棒球，況且他們還是升學學校的學生，自己練球的時間有限。就算是這樣，他們依然努力向社區的孩子傳遞棒球的魅力，我深受感動，也想支持他們。」

四百四十九次揮棒的熱血指導

一如指導其他高校，一朗這次同樣排定兩天的行程，而這是有原因的。一朗說：

「無論是哪所高校，能夠共處兩天而不是一天非常重要，一天的時間只會淪為回憶而已。對孩子來說，假如一朗突然出現在他們面前，他們一定會驚訝得張口結舌，然後幾個小時的指導結束後，留在他們腦中的東西就不會多。」

「但如果有兩天的時間，第一天結束回家之後，他們便可以細細回味當天的點點滴滴，重新梳理腦中的想法，第二天開始將截然不同。原本輕飄飄的不真實感會消失，取而代之的是專注而緊張的氛圍。這種轉變不是單靠第一天共處幾個小時就能做到的，需要回家重新整理心情。我認為這件事至關重要。」

事實上一朗在當天上午提早進入校舍，躲在窗簾後面偷偷觀察「棒球教室」的指導情形。中午打完招呼並拍照之後，一朗開始帶領學生進行傳接球、打擊、夾殺、守備、外野回傳本壘各項練習；下午的打擊示範，他則在七十八次揮棒夯出九支全壘打。

但在第一天指導結束後，一朗發現了問題所在：或許是緊張，也或許是習於平常練球時的鬆散步調，選手們顯得毫無生氣與活力。「我希望喚醒他們內心深處沉睡的靈魂，這本該是每個熱愛棒球的孩子與生俱來的，只是他們不知該怎麼表達。只有改變練球的氣氛，讓他們主動發聲，進而產生團結感。」一朗心想。

第二天練習結束前的最後五十分鐘，一朗宣示「我會全力以赴，直到體力耗盡為止！」「捕十」訓練就此展開。

「捕十」是由一朗擊球給選手進行內野守備訓練，規則是一人接十顆滾地球，但從第八球開始如果發生失誤，就得從第八球重新起算。換言之，從第八球開始必須連續三球無失誤，否則訓練將無法結束。

「趨前！」「守得漂亮！」「放棄得太早了！」一朗一邊揮棒，一邊以充滿活力的語氣大聲激勵，「加油！喊出聲來！」「就是這樣！」

隨著時間經過，選手們自然而然地喊出聲音，彼此鼓勵，最後連外野手也下場守備了。五十分鐘下來，十九名選手的球衣都沾滿紅土。

猜猜一朗總共揮打了幾球？答案是四百四十九次！

「對我來說很吃力。當天我使用的不是輕量的練習棒，而是正式比賽用的球棒，隔天手臂根本舉不起來。」一朗事後苦笑說。

然而，他的目的達到了！

「大聲喊出來，互相激勵，這樣才有團隊的感覺，對吧？請別忘記此刻的感覺！」「盼你們時時刻刻嚴格要求自己，這樣無論將來在哪個領域，都能成為引領他人的人。希望大家朝著這個目標努力。」這是他在結束前給學生的最後勉勵。

富永大輝的淚水

為期兩天的高校指導，一朗意外改變了一名高中生的未來。

當時就讀富士高校二年級的富永大輝，擔任球隊的第二棒、二壘手，他是「捕十」訓練第一個上場的選手。隨著一朗逐漸增加高難度的來球，富永說：「雖然辛苦，但一朗桑對我喊話『振作起來！』讓我明白，不能因為困難而輕言放棄。」

在訓練結束後，富永流下了人生中第一次因喜悅而感動的淚水。

「非常謝謝，這將成為美好的回憶。」富永向一朗深深一鞠躬。

一朗依舊微笑著，但他態度堅定地回答：「這可不是回憶啊！繼續努力吧！當你感到困難的時候，就想想今天，然後向前邁進一步。」

原本計畫在高中畢業後放棄棒球的富永，從此有了新的夢想。他為了進入「東京六大學棒球聯盟」的名校而努力準備考試，最後如願考上法政大學並擔任棒球隊經理。

富永在法政大學棒球社網頁的基本資料註明「曾受過一朗桑的指導」，未來夢想則是「從事與美國職棒大聯盟球團相關的工作」。

「沒有經歷過挫折的人生，一點都不會有趣」

一朗的高校之旅不僅教導棒球技術，更要傳遞他的思維方式，分享人生態度，而這不正是他的「人間力」嗎？

即便職棒生涯長達二十八年，但一朗深知棒球只是一時的，重點在於棒球生涯結束後會成為什麼樣的人。而這正是一朗傳承「人間力」的主因：

「我希望他們在高中時期能以自己的方式全力拚搏，為未來的自己奠定基礎。如果能做到這一點，無論將來成為什麼樣的人，都能擁有挑戰的勇氣。」

「當然也會有失敗，但這是達成目標、提升自我所必須的。」

「沒有經歷過挫折的人生，一點都不會有趣，這才是人生真正的財富。」

「所以我希望他們勇於挑戰各種事物，積累經驗，成為擁有自己見解的大人。在這個資訊過剩的時代，僅僅積累沒有經驗的知識是非常可怕的。」

在四百四十九次揮棒的守備練習結束後，一朗與學生以日本最高峰為背景合影留念，還收到一張寫滿感謝與祝福的色紙。「我會收藏在西雅圖家的寶物盒中，一輩子珍惜。」一朗說。

肩負著傳承棒球給下一代的使命，鈴木一朗的旅程未完待續。

54 一朗流野球——與高中女子選手的「真劍勝負」

對一般人來說，棒球是一種競技、一場比賽。

對棒球選手來說，棒球是生活的一部分。

至於一朗，棒球就是人生。

無論是在球季期間穿上水手球衣幫助球隊，或是在球季結束後夯出全壘打砸破高中教室的玻璃窗，對於已經引退的一朗來說，棒球從來沒有一天離開過他的生活。

與高中女子選手的「真劍勝負」

二〇二一年十二月某日，正在集訓的日本女子高中棒球代表隊二十三名成員看到網路新聞時，無不驚訝地瞪大眼睛。

「咦？這不就是我們要參加的比賽嗎？」

【神之語錄】

「努力與否，不是自己說了算。」

——鈴木一朗

早在半年前，一朗就與「女子棒球聯盟」祕密啟動一項強化計畫，由後者以「強化訓練營」的名義，邀請各校教練推薦一名「畢業後仍想在高水準環境繼續比賽的高三生」。就這樣緊急集結了二十三名全國頂尖的女子高中棒球選手，準備與一朗率領的「神戶智辯」（Kobe Chiben）展開高中生涯的最後一場比賽，但這群女子選手事先並不知情。

有點尷尬的是，對高中都還沒畢業的女孩們來說，年長三十歲的一朗簡直就是「歷史人物」。捕手神野百花接受《Number Web》雜誌專訪時說：「對我而言，一朗桑是我從小喜歡的川崎宗則選手所敬仰的選手。身為捕手，自從知道要打這場比賽開始，我就興致勃勃地思考如何才能壓制一朗桑。」

只是想歸想，正式比賽又是另外一回事。女子代表隊的中島梨紗監督看到一朗投的第一球，忍不住倒抽一口涼氣：「賽前雙方打招呼時，一朗桑抱怨天氣太冷了，今天的球速可能投不到一三〇公里，結果第一球就是一三四公里的速球！我們女子棒球沒有任何人能投到一三〇公里以上，超過一二〇就算很快了。所以我一度擔心我們會被全員三振。」

當時就讀至學館高校三年級、已經與讀賣巨人簽下職業選手合約的吉安清，堪稱是隊上最受矚目的明日之星。這名「二刀流」選手不論投打，都與一朗展開激烈的對決。

二局上半兩出局、二三壘有跑者，大好的得分機會，吉安卻以三振收場。她分析「一朗桑從第一局開始只投直球，所以我第一球就全力揮棒。第二球也是抓直球打，來的卻是滑球，當時我就知道自己打不到了。」

這顆意想不到的滑球正是一朗的伏筆。他在賽前打擊練習觀察到吉安頻頻擊出飛越外野手頭頂的深遠飛球後，便意識到她「不是一般選手」。換言之，這顆突襲的滑球正是他認可吉安打擊實力的證明。

一朗在這場比賽投出九局完封勝，三振十七名女子棒球選手，只被打出零星的四支安打。

對於真誠面對棒球的一朗，捕手神野傳達內心最深的感動：

「當我看到他熱身的姿態就有這種感覺了，一朗桑並沒有因為對手是女生而有所保留。他把我們當作真正的棒球選手，認真地對待比賽，我很開心。」

「小學和中學時期，我都和男生一起打棒球，經常有人對我說『雖然是女生卻這麼厲害』。我一直想要與男生一樣被同等對待，想用實力證明自己。正因為這樣的心情，能夠遇到不分男女一視同仁、認真看待每一位對手的一朗桑，我真的很開心。」

而這正是一朗的用意。事實上女子棒球採「七局制」，女子棒球聯盟原本也是這麼安排，但一朗主動要求將這場表演賽改為「九局制」。即便站在投手丘上的他，雙腳因寒冷而開始痙攣，但他依舊堅持投完全場。

因為一朗很清楚，要與二十三名女子選手全員對戰，七局實在太短了。只有他站在投手丘投到最後，才能真正傳達他想要給女子棒球的訊息。

儘管精疲力竭，但四十八歲的一朗依舊全力投出每一球。最後再見三振一瞬間，完投一四七球的一朗，嘴角終於揚起微微的笑容。

截至二〇二四年止，一朗率領的「神戶智辯」與日本女子高中棒球代表隊打了四場比賽，最近一次甚至號召松井秀喜、松坂大輔兩大球星共襄盛舉。四場比數如下：

二〇二一年：一比〇勝

二〇二二年：七比一勝

二〇二三年：四比〇勝

二〇二四年：十七比三勝

雖然神戶智辯大獲全勝，但女子棒球才是真正的贏家。相較於全日本棒球競技人口逐年衰減，女子棒球卻逆勢蓬勃發展，截至二〇二三年為止，日本已經有超過一百支女子棒球隊、兩萬三千名選手，甚至還舉辦專屬女子棒球的甲子園比賽。

透過與女子高中棒球選手的「真劍勝負」，一朗充分傳達棒球的魅力與樂趣。「打到不能打為止」，是一朗對於推動女子棒球發展的「全力宣言」，更是最真摯的承諾。

藤本博史眼中的「一朗流野球」

二〇一九年三月，「水手 vs 運動家」日本海外開幕戰前夕，正在東京巨蛋練球的鈴木一朗突然對身邊的藤本博史說：「今年就到此為止了（意指退休），謝謝你一直以來的陪伴。」

藤本後來在《Number Web》雜誌專訪時憶起當時的心情：

「聽到這句話的當下，我的眼淚一下子湧了出來，再也止不住。打擊練習時、撿球時，甚至回家的路上，我就像小學生一樣哭個不停。」

「我也不知道為什麼會哭得這麼慘……大概是覺得寂寞吧！一直到現在，我還是時不時感到空虛，或許就是失落感吧！」

先此說明，這位「藤本博史」不是我們熟知的那位前大榮鷹內野手、福岡軟銀鷹一軍監督。他在一九七六年出生於神戶，參加過日本社會人球隊、美國獨立聯盟、日職歐力士隊，二〇〇七年還短暫來台效力中信鯨隊，是中職少見的外籍捕手。

藤本與一朗有很深的緣分。二〇〇一年冬天某日，才剛在選秀會以第十四指名入選歐力士的藤本，當他走在球員宿舍「青濤館」的走廊時，迎面而來的竟然是一朗。

一朗從走廊另一端跑過來，一邊喊：「為什麼不跟我聯絡？」

藤本一整個驚呆了。一年前他參加水手在亞利桑那的小聯盟春訓營，與一朗在重訓室打招呼之後，還被邀請到一朗家裡用餐。雖然他壓根沒想到這位超級大明星還記得他，但事實上一朗持續關心著藤本。

從兩人重逢的這一天開始，藤本就成為一朗每年回神戶自主訓練的伙伴之一，時間長達十九年。雖然每年成員都會異動，但藤本是唯一不變的那個人，他固定擔任一朗的餵球投手。

藤本回憶說：「當我還是選手的時候，這對我是很有樂趣的一件事。因為不管我怎麼投球，他都能從不同角度揮棒命中，就像動漫《金肉人》中三頭六臂的阿修羅。但在正式成為他的餵球投手之後，我卻感受到非常強烈的緊張感。我必須盡可能保持同樣的姿勢、同樣的間隔、同樣的球速、同樣的球路，一旦動作稍有偏差，就會影響他的打擊時機，所以我對自己的肩膀保養也格外謹慎。」

眾所周知，一朗素以「規律」著稱。他每次打擊練習都必須以全壘打收尾，這就是所謂的「一朗流」。「一旦開始練打，無論下雨還是下雪，他絕對不會停下來，兩百球、三百球……有一次雪大到甚至連球都看不清楚。但不管是在什麼球場、什麼天氣，他沒有一次不是在球飛越圍欄結束的。」藤本說。

另一個著名的「一朗流」是他對球具的愛護。無論是擺放球棒的方式、手套置放的方向或是對釘鞋的處理，所有人都嚴格遵守一朗既定的規則。不過這都還好，真正難捱的是一朗對訓練的嚴苛要求，所有人在神戶綜合運動場的斜坡不斷奔跑，最後再來個爬樓梯衝刺，這些已經成為訓練的例行公事。「連來幫忙的工作人員都累到快吐了，但一朗桑卻能輕鬆完成。而且在他的職業生涯最後幾年，訓練量似乎還增加了。」藤本回憶說。

隨著一朗在四十五歲又五個月的年紀褪下五十一號球衣，藤本的陪練生涯理應隨之結束……至少他是這樣想的。結果在那一年冬天，一朗練得更賣力了。

身為自己創立的草野球隊伍神戶智辯王牌投手，他在對戰智辯和歌山高校教職員隊時以一三一球完投九局，兩年後對戰女子高中棒球代表隊再以一四七球完投九局，而藤本就是這兩場比賽的捕手。

「即便投到手指抽筋，他依然全力投球。」藤本說。他把一朗說過的「人生沒有一件事是徒勞的」這句話放在心底，無論多麼微不足道的事情，對自己的人生必然有其意義。因此，藤本學會了凡事都要全力以赴。

對藤本來說，一朗的話語、一朗的比賽、一朗的背影，都是他人生中最寶貴的財富。

「努力與否，不是自己說了算」

二〇二三年十一月，五十歲的一朗對日本女子高中棒球代表隊投出一三八公里的球速，竟然比前幾年還進步至少四公里。「每天練習時都把自己推向極限，就算五十歲也還能再進步」，這就是一朗給高中棒球選手的身教。

高中棒球選手在球場上、特別是甲子園，常有令人印象深刻的話語，諸如「練習不會背叛你」、「努力就會有回報」。但一朗希望選手「看得更遠一點」：

「努力與否，不是自己說了算。」

「『我正在努力』、『我很努力』，這樣說出來不覺得有點怪嗎？」

「我們當然希望努力可以得到回報，可是一旦期待回報，往往就什麼都得不到了。我希望大家追求的是，當別人覺得你很努力，稱讚你很拚命，但你自己卻覺得再普通也不過時，對我來說這才是最強大的。」

什麼是「一朗流野球」？「凡事都要全力以赴」、「每天都把自己推向極限」、「五十歲還能再進步」、「努力不是自己說了算」，這就是「一朗流野球」。

55 一朗與弓子——安打與飯糰的戰鬥

二〇一九年三月二十一日深夜的東京巨蛋，鈴木一朗在引退記者會上表達對妻子的感謝：「我覺得她很辛苦，最辛苦的就是她了。」

我一直無法理解，日美職棒生涯長達二十八年、奮戰到四十五歲才退休的一朗，以他對訓練與生活的嚴苛要求，加上比賽的高張力與面臨紀錄的壓力，有什麼理由妻子會比他更辛苦？

事實上，直到引退記者會說這段話的當下，一朗也還未完全理解弓子有多辛苦。

「當我表現不好，我想她一定比我更痛苦」

退休後回到西雅圖沒多久，一朗帶弓子去水手主場看了場熱身賽，兩人就像普通球迷一般並肩坐在觀眾席，一邊看球一邊吃熱狗。

【神之語錄】

「當別人覺得你很努力，稱讚你很拼命，但你自己卻覺得再普通也不過時，對我來說這才是最強大的。」

——鈴木一朗

這時弓子告訴一朗：「我一直夢想著在球場裡這樣吃熱狗。」起初一朗以為妻子只是想和他一起吃，聊開之後才知道，原來弓子來現場看一朗打球時從來沒吃過東西。或者該這麼說，不論在球場或在家裡，只要是一朗比賽期間，弓子就什麼都不吃。

「我那時才第一次知道，原來她是這樣陪伴我一起戰鬥的。」一朗在同年四月接受《Number Web》雜誌專訪時透露。他感性地道出對妻子的感謝：

「她一直與我並肩作戰，但我認為她比我承受更多的壓力。畢竟她無法直接參與戰鬥，我卻能在球場上切身感受對手的實力，親身體會失敗的苦澀與勝利的喜悅。然而弓子只能透過觀看比賽，憑藉想像來參與這場戰鬥……」

「當我表現不好的時候，我相信她一定比我更痛苦，因為她只能靠想像去揣測我失敗的原因。」

一朗與弓子於一九九九年十二月結婚，一朗引退當年度正是兩人結婚二十週年。他在隔年接受《週刊Playboy》雜誌專訪時說明兩人心靈上的契合：「我和她在許多事物的價值觀非常相似。對於我決定要做的事情，她不會質疑，而是理解……如果身邊最親近的人經常對彼此的行動產生疑問，無疑會給雙方帶來極大的壓力。但在她身上，這種情況從沒發生過。」

熟知一朗夫婦的資深記者透露，結婚之初弓子夫人曾說過：「我所能做的，就是為他創造一個能全心投入棒球的環境。」所以在兩人前往西雅圖之前，弓子就以她擅長的英語，開始進行找房子、購物等各種生活準備。

當一朗在場上陷入低潮、情緒低落時，弓子是他傾訴的對象，「再努力一下吧」、「如果打不好也沒關係」，弓子就像安撫小孩一樣溫柔地鼓勵他。二〇一二年因為打擊成績不佳而苦惱的一朗，也是弓子鼓勵他「去其他球隊也可以啊」，促使一朗決定接受交易，轉隊到紐約洋基。

可別以為弓子凡事只會順從地說「好好好」，當一朗情緒激動時，大了將近八歲的弓子會客觀但斬釘截鐵地說「這樣不行」，展現身為「某大姊」堅定的一面。

弓子夫人的「真劍勝負之場」

許多人訝異於弓子夫人「一百億円社長」的身分，不過親近一朗的友人透露，在西雅圖都會區開設高級美容護膚沙龍其實是出自一朗的建議，資產管理公司也是她為了丈夫而創立。負責棒球以外所有事務的弓子，對一朗就猶如「同志」一般的存在。

由於不希望妻子站在鎂光燈前、被媒體包圍，一朗曾告誡弓子「在媒體面前不要笑」，她也謹遵這項教誨。一朗後來對親近的友人透露「我真的很感謝弓子」。

只是對弓子來說，事業從來不是最大的挑戰，料理才是她的主戰場。「丈夫有應酬，今晚無須做晚餐」這種家庭主婦的小確幸，在弓子身上從來沒有發生過。

據說一朗從客場遠征回家當天，無論多晚都會在家裡用餐。因此不管是深夜或清晨，弓子都必須預測一朗到家的時間，才能在最精準的時機準備好熱騰騰、多達八至九道菜的晚餐。

二〇一六年八月七日則是極少數的例外。賽前一朗只差一支安打就能達成大聯盟生涯三千安里程碑，在前一天確定先發名單後，弓子決定飛去丹佛見證歷史，於是她託友人照顧十五歲的愛犬一弓，自己則搭上當天一早的航班。

賽後弓子選擇搭球隊的班機返回邁阿密，這樣就可以和一朗一起到家了……不過這樣的計畫不算周全，因為即使是達成三千安的特別日子裡，遠征後的一朗還是要回家用餐。所以弓子必須在出門前先設定好電鍋的定時功能、備好食材，盡可能縮短一朗到家後等待的時間，難怪日媒會將料理稱為弓子的「真劍勝負之場」。

事後媒體問到兩人凌晨到家後怎麼慶祝？一朗笑說：「是晚餐還是早餐我也搞不清楚了，我們在餐前喝了隊友送的、慶賀三千安的酒。」

在被追問這麼晚還做料理是怎麼回事時，一朗害羞地說：「啊就她為我準備的呀！」

對於「絕不怠慢日常規律」的一朗來說，弓子精準且忠實地執行每一件例行公事，全方位支持一朗生活的方方面面。難怪生涯採訪超過兩千場比賽的資深棒球記者古內義明會說：

「一朗的偉大成就得益於弓子女士。」

「如果一朗是百年一遇的選手，那弓子女士就是百年一遇的妻子。」

真正重要、值得珍惜的人

回到東京巨蛋的引退記者會。那天晚上，一朗老早就預訂一家自己光顧了二十多年的餐廳，雖然記者會結束後已是深夜，但他堅信餐廳會開著門等待他們夫婦。

一朗為什麼對這家餐廳情有獨鍾？「我第一次去大概是二十一歲的時候吧！印象很深刻，這是一家超級高檔的餐廳，讓我感覺自己還不夠格來這裡，這就成為我年輕時更加努力的動機之一。多年後再次造訪，店家依然非常熱情地接待我……我之所以如此喜愛這家餐廳，正是因為有這樣的一段過去。」他受訪時回憶說。

回顧這段歷程，一朗感慨地說：「就在那一刻，我深刻感受到人情的善意與溫暖，堅信生命中真正重要的事物應該珍惜。成年以來，周遭充斥著只算計自己利益與得失的人，讓人既厭惡又感到空虛。今後也想珍惜真正重要的事物，繼續生活下去。」

至於這個真正重要、值得珍惜的人是誰？答案再清楚也不過了。

56 繼去現己——不斷超越自我的野球人生

一般人度假是去旅遊，鈴木一朗則是去古柏鎮。

「我不喜歡去各地旅遊，全世界除了我居住過的地區以外，古柏鎮是我造訪最多次的地方。」一朗接受ＦＯＸ體育記者羅森索（Ken Rosenthal）訪問時，透過翻譯透納表示。

這是事實。一朗在二〇〇一年至二〇一六年間曾七度造訪古柏鎮，這座小鎮位於紐約市西北方，車程約四小時，曾公認是棒球的發源地，所以美國國家棒球名人堂暨博物館均設立於此。名人堂主管也證實，一朗參觀博物館的次數是所有現役及退休選手中最多的。

早在日職時期一朗就知道名人堂的存在，但僅止於想像。二十七歲渡海挑戰大聯盟後，隨著他以獨特的棒球技藝成為棒壇焦點，他對棒球歷史的好奇心也隨之增長。

【神之語錄】

「『繼去現己』，延續過去的自我，便會迎來全新的自己。」

——鈴木一朗

二〇〇四年，在超越希斯勒的大聯盟單季安打紀錄後，他來造訪過。

二〇〇九年，以連九季兩百安超越基勒（Wee Willie Keeler）的紀錄之後，他再次來訪。

二〇一三年，生涯安打數超越洋基傳奇球星賈里格（Lou Gehrig）時，他又一次來到這裡。

「身為球員，你會讀到過去選手的歷史，看他們的數據，但通常要等到現役選手超越歷史紀錄時，他們的名字才會再次浮現。當你去古柏鎮，就能主動建立起這樣的連結，我認為這是重要的。」一朗說。

想像這個畫面：一朗在私人導覽中，一個人佇立在滿滿歷史文物的地下室。他將「無鞋喬」（Shoeless Joe Jackson）的傳奇球棒「黑貝琪」（Black Betsy）貼近耳邊，輕敲棒身，細聽木材的震動聲。一朗說：

「這支百年歷史的球棒發出如此清脆的高音，令我震撼無已。我很訝異一支木棒竟能發出如此美妙的聲音，彷彿那不是木頭，而是純金或純銀鑄成。」

「地下室、檔案室……不是任何人都有機會進去。能夠觸摸過去球員使用的球具，想像他們經歷的一切，遭遇的困難，你就能理解我們現在是多麼幸運。這種連結，以及能碰觸和感受那些球具，應該就是我多次回訪的主要原因。」

最珍視球具的棒球選手

名人堂前總裁艾德爾森（Jeff Idelson）主持一朗的每一次造訪，在他擔任總裁長達二十六年期間，一朗與小瑞普肯是他心目中最珍視球具的兩名選手。一朗捐贈給名人堂二十多件文物，包括：

- 二〇〇四年打出單季第二六一、二六二支安打使用的球衣、打擊手套、護腕、釘鞋、太陽眼鏡、護肘
- 二〇〇六年世界棒球經典賽效力日本隊的打擊頭盔
- 二〇〇七年明星賽打出場內全壘打的球
- 二〇〇九年達成單季兩百安的水手客場球衣
- 二〇一六年達成大聯盟生涯三千安的馬林魚球衣

兩人第一次接觸時，一朗還效力於日職歐力士藍浪隊，有件事讓他對艾德爾森頗感愧疚。當一朗超越「無鞋喬」的新人球季安打紀錄時，艾德爾森請他提供這支球棒，然而一朗寄來的卻是他在同年九月使用過的另一支球棒。

後來一朗首次造訪名人堂，親眼見證名人堂對文物的精心保護後，他意識到自己當初應該捐贈那支打破「無鞋喬」紀錄的球棒。隔年春天，一朗向艾德爾森鄭重致歉，並承諾未來一定會盡力貢獻。

艾德爾森回憶說，他曾經在二〇一五年造訪一朗位於邁阿密的家，與一朗夫婦共進晚餐。

離開前，一朗突然衝上樓，拎了一雙釘鞋下來，這是他超越貝比魯斯生涯安打紀錄所穿的釘鞋，「把這個帶到古柏鎮吧！它們屬於那裡。」一朗說。

「在一朗的內心深處，他是一個文藝復興式的人物，對棒球比賽及其職業懷有熱愛。為了充分體會在美國打球的意義，他想盡可能融入這項運動的歷史。」艾德爾森說。

身為棒球比賽的歷史學家，一朗擁抱棒球歷史，著迷於球具與文物。如今，他將自己的文物交付給那些為後代講故事的人。

繼去現己：一朗野球人生的寫照

一九九五年，在「加油！神戶」的口號下，一朗率領歐力士勇奪太平洋聯盟冠軍，但在「日本一」系列賽敗給養樂多燕子隊。同年十一月，《Number Web》雜誌記者石田雄太前往歐力士位於宮古島的秋訓營採訪一朗。

石田遞上色紙，請一朗回顧這一年並寫下一句感言。只見一朗雙手抱胸沉思，低語呢喃：「唉唷！該寫什麼好？這種事我還真不擅長……」

對於這種採訪中的隨興要求，一般選手往往隨意寫些字敷衍了事。然而一朗卻苦苦思索了十分鐘、二十分鐘、三十分鐘……最後他提筆寫下四個漢字，「繼去現己」。接著他將色紙對著鏡頭的方向說道：「『繼去現己』，延續過去的自我，便會迎來全新的自己。」

「這到底是什麼樣的二十二歲年輕人？居然能創造出意境如此深邃的四字熟語。」石田心想。

直到二十三年後的引退記者會，石田才發現，一朗的野球人生不就是「繼去現己」的不斷延續嗎？

一朗在記者會上曾說過這段話：「人生不只踏實前行，有時甚至會倒退，而你只能堅信自己選擇的道路。這不一定是正確的作法，有時甚至誤信錯誤的選擇，但我相信，唯有透過這樣的迂迴前行，才能遇見真正的自我。」

石田的解讀如下：面對去年的自己、昨日的自己，以及現在的自己，必須始終如一地全力以赴。當這樣每天每天不斷積累，便會浮現全新的自我。

簡而言之，不斷超越自我，正是一朗野球人生「繼去現己」的最佳寫照。

結語

鈴木一朗會進入名人堂嗎？被問到這個問題時，他這麼回應：「我不回答假設性的問題，我無法確定將來會發生什麼事。但是我認為，由於我和名人堂的關係，以及曾經多次造訪，我對那裡有著極為特殊的情感，也許我的經驗會與那些從未造訪的人有所不同。」

的確，根據他多次造訪的經驗，他心裡一定很清楚，沒有比名人堂更適合他的地方了。

附錄

鈴木一朗：大事年表

- 1973年：10月22日出生於愛知縣西春日井郡豐山町，是宣之與淑江夫婦的次子。
- 1980年：就讀豐山町立豐山小學。
- 1982年：加入「豐山町運動少年團」。
- 1985年：小學六年級，以王牌投手兼第四棒的身分，帶領球隊打進全國大賽。
- 1986年：小學畢業後就讀豐山町立豐山中學校，加入棒球社。
- 1988年：中學三年級，帶領豐山中學棒球隊拿下全國大賽第三名。
- 1989年：中學畢業後就讀愛知工業大學名電高等學校，加入棒球社。
- 1990年：高中二年級，第一次參加甲子園夏季大賽，擔任球隊的先發第三棒、左外野手，但首戰就敗給當屆冠軍天理高校。
- 1991年：高中三年級，參加甲子園春季大賽，首戰敗給當屆亞軍松商學園；同年11月22日在日本職棒第27屆選秀會以第四順位入選歐力士藍浪隊。
- 1992年：職棒第一年，7月11日在一軍初登場，12日打出一軍生涯第一支安打；二軍明星賽獲頒MVP。
- 1993年：4月10日一軍開幕戰擔任先發第九棒、中外野手；6月12日對野茂英雄打出一軍生涯第一支全壘打。
- 1994年：4月7日將登錄名由「鈴木一朗」變更為「イチロー」；以單季210

支安打、連續69場比賽上壘締造日本職棒新紀錄。

- 1995年：1月17日發生阪神大地震；蟬聯聯盟MVP、打擊王、安打王、最高上壘率、最佳九人、金手套獎，日本職棒史上首度打點王兼盜壘王，單季18次觸身球締造太平洋聯盟新紀錄；帶領歐力士隊登上聯盟冠軍。
- 1996年：7月20日在日本職棒明星賽上場投球，被高津臣吾打成游擊滾地球出局而結束比賽；太平洋聯盟MVP三連霸；率領歐力士隊擊敗讀賣巨人隊拿下「日本一」。
- 1997年：4月16日至6月25日締造連續216個打席無三振的日本職棒紀錄。
- 1998年：連續五年聯盟打擊王，日本職棒史上第一人。
- 1999年：3月6日參加西雅圖水手隊春訓營；4月20日在職業生涯第757場比賽打出第1,000支安打，日本職棒史上最快；7月6日對松坂大輔打出第100支全壘打；球季結束後隨歐力士隊來台與中華職棒聯隊、台灣大聯盟聯隊進行三場震災義演賽；12月4日，與福島弓子結婚。
- 2000年：單季打擊率3成87，刷新太平洋聯盟紀錄，連續七年聯盟打擊王；球季結束後透過入札制度加盟水手隊，成為史上首位採用入札制度的日本職棒選手。
- 2001年：4月2日在大聯盟初登場，對手是奧克蘭運動家隊；以242支安打締造大聯盟單季新人最多安打紀錄；以破紀錄的337萬3,035票入選明星賽；美聯MVP、新人王、打擊王、安打王，盜壘王、銀棒獎、金手套獎；率領水手隊以單季116勝（平大聯盟紀錄）拿下美聯西區冠軍。
- 2002年：連續第二年明星賽最高票（251萬6,016票）；單季打擊率3成21排名聯盟第四名，美日通算連八年打擊王止步。

- 2003年：5月16日打出大聯盟生涯第500支安打；連續第三年明星賽最高票（213萬708票）；12月7日與水手球團簽下四年4,400萬美元延長合約。
- 2004年：5月21日，美日通算第1,465場比賽達成生涯第2,000支安打；新人年起連四年兩百安，大聯盟史上第一人；單季262支安打、225支一壘安打刷新大聯盟紀錄；打擊率3成72，二度拿下聯盟打擊王。
- 2005年：6月14日，大聯盟生涯第696場比賽達成第1,000支安打，史上第三快。
- 2006年：第一屆世界棒球經典賽（WBC）連八場安打，率領日本隊拿下首屆冠軍；連續33次盜壘成功刷新美國聯盟紀錄。
- 2007年：5月3日連續第41次盜壘成功，締造美聯紀錄；7月10日，大聯盟明星賽史上第一支場內全壘打，獲頒明星賽MVP；7月13日與水手球團簽下五年9,000萬美元延長合約。
- 2008年：大聯盟八個球季達成1,700支安打，史上最快；7月29日，美日通算第3,000支安打。
- 2009年：3月23日，第二屆世界棒球經典賽冠軍戰對上韓國隊，延長賽第10局上半從林昌勇手中打出兩分打點致勝安打，率領日本隊衛冕冠軍；3月31日因出血性胃潰瘍，大聯盟生涯首度被列入傷兵名單；4月16日打出職業生涯第3,086支安打，超越張本勳在日本職棒的生涯安打數紀錄；9月6日，大聯盟生涯第1,402場比賽達成第2,000支安打，史上第二快；9月18日對洋基守護神李維拉（Mariano Rivera）打出大聯盟生涯首支再見全壘打。
- 2010年：新人球季以來連續10年200支安打、打擊率三成，連續10年入選明星賽及金手套獎。

- 2011年：日本311地震後捐款一億日圓，創下日本運動員捐款最高紀錄；6月15日，大聯盟生涯第400次盜壘成功、美日通算第600次盜壘成功。
- 2012年：6月19日，大聯盟生涯第1,817場比賽達成第2,500支安打，史上第四快；7月23日被交易到紐約洋基隊，球衣背號由51號變更為31號；7月30日達成大聯盟生涯第100支全壘打；10月29日取得自由球員資格；12月19日與洋基球團簽下兩年1,300萬美元合約。
- 2013年：8月21日，美日通算第4,000支安打。
- 2014年：4月9日，美日通算出賽3,018場，超越日本職棒野村克也的出賽場數紀錄；10月30日取得自由球員資格。
- 2015年：1月27日，以一年200萬美元合約移籍邁阿密馬林魚隊；10月4日，球季最終戰完成大聯盟初登板投球，主投一局失兩分；10月6日以年薪200萬美元續約一年。
- 2016年：6月15日，美日通算第4,257支安打，超越羅斯成為世界安打王；8月7日，達成大聯盟生涯第3,000支安打；10月5日以年薪200萬美元續約一年。
- 2017年：4月19日在西雅圖客場對水手隊打出全壘打，職棒生涯連續第25年有全壘打；7月6日打出大聯盟生涯第3,054支安打，成為出身美國本土以外最多安打的打者；單季27支代打安打，距離大聯盟紀錄只差一支；11月3日取得自由球員資格。
- 2018年：3月7日以一年75萬美元合約重回水手隊；5月3日轉任球團特別助理。
- 2019年：1月24日與水手隊簽下小聯盟合約；3月21日，在日本東京巨蛋舉行的大聯盟海外開幕系列賽結束後宣布退休。

鈴木一朗：紀錄獎項

職棒紀錄

- 美日通算4,367支安打，世界職棒最高紀錄（金氏世界紀錄認證）
- 大聯盟單季最多安打紀錄（262支安打）
- 大聯盟新人年以來連續10年單季200支安打以上（金氏世界紀錄認證）
- 大聯盟生涯10個球季200支安打以上（與羅斯並列，金氏世界紀錄認證）
- 大聯盟新人單季最多安打紀錄（242支安打）
- 大聯盟明星賽史上第一支場內全壘打
- 美日通算43支首局首打席全壘打

個人獎項

日本職棒時期

- 太平洋聯盟年度打擊王：7次（1994～2000）
- 太平洋聯盟年度安打王：5次（1994～1998）
- 太平洋聯盟年度打點王：1次（1995）
- 太平洋聯盟年度盜壘王：1次（1995）
- 太平洋聯盟年度最高上壘率：5次（1994～1996；1999～2000）
- 太平洋聯盟最佳九人外野手：7次（1994～2000）
- 太平洋聯盟外野金手套獎：7次（1994～2000）
- 入選日本職棒明星賽：7次（1994～2000）
- 太平洋聯盟年度MVP：3次（1994～1996）
- 正力松太郎賞：3次（1994～1995；2004）

大聯盟時期

- 美國聯盟年度打擊王：2次（2001；2004）
- 美國聯盟年度安打王：7次（2001；2004；2006～2010）
- 美國聯盟年度盜壘王：1次（2001）
- 美國聯盟外野金手套獎：10次（2001～2010）
- 美國聯盟外野手銀棒獎：3次（2001；2007；2009）
- 美國聯盟年度MVP：1次（2001）
- 美國聯盟年度新人王（2001）
- 入選大聯盟明星賽：10次（2001～2010）
- 大聯盟明星賽MVP：1次（2007）

三壘打	全壘打	打點	盜壘	盜壘刺	四壞	三振	打擊率	上壘率	長打率	OPS
0	0	5	3	2	3	11	0.253	0.276	0.305	0.581
0	1	3	0	2	2	7	0.188	0.212	0.266	0.478
5	13	54	29	7	51	53	**0.385**	**0.445**	0.549	0.994
4	25	**80**	**49**	9	68	52	**0.342**	**0.432**	0.544	**0.976**
4	16	84	35	3	56	57	**0.356**	**0.422**	0.504	0.926
4	17	91	39	4	62	36	**0.345**	0.414	0.513	0.927
3	13	71	11	4	43	35	**0.358**	0.414	0.518	0.932
2	21	68	12	1	45	46	**0.343**	**0.412**	0.572	0.984
1	12	73	21	1	54	36	**0.387**	**0.460**	0.539	0.999
8	8	69	**56**	14	30	53	**0.350**	0.381	0.457	0.838
8	8	51	31	**15**	68	62	0.321	0.388	0.425	0.813
8	13	62	34	8	36	69	0.312	0.352	0.436	0.788
5	8	60	36	11	49	63	**0.372**	0.414	0.455	0.869
12	15	68	33	8	48	66	0.303	0.350	0.436	0.786
9	9	49	45	2	49	71	0.322	0.370	0.416	0.786
7	6	68	37	8	49	77	0.351	0.396	0.431	0.827

鈴木一朗：美日職棒生涯數據一覽表

（＊加粗的數據代表當年度該項目的聯盟最高）

年度	年齡	聯盟	球隊	出賽	打席	打數	得分	安打	二壘打
1992	18	日職	歐力士	40	99	95	9	24	5
1993	19	日職	歐力士	43	67	64	4	12	2
1994	20	日職	歐力士	**130**	**616**	**546**	**111**	**210**	**41**
1995	21	日職	歐力士	**130**	**613**	524	**104**	**179**	23
1996	22	日職	歐力士	**130**	**611**	**542**	**104**	**193**	24
1997	23	日職	歐力士	**135**	607	536	**94**	**185**	31
1998	24	日職	歐力士	**135**	558	506	79	**181**	36
1999	25	日職	歐力士	103	468	411	80	141	27
2000	26	日職	歐力士	105	459	395	73	153	22
2001	27	大聯盟	水　手	157	**738**	**692**	127	**242**	34
2002	28	大聯盟	水　手	157	728	647	111	208	27
2003	29	大聯盟	水　手	159	725	679	111	212	29
2004	30	大聯盟	水　手	161	**762**	**704**	101	**262**	24
2005	31	大聯盟	水　手	162	739	**679**	111	206	21
2006	32	大聯盟	水　手	161	**752**	**695**	110	**224**	20
2007	33	大聯盟	水　手	161	736	**678**	111	**238**	22

三壘打	全壘打	打點	盜壘	盜壘刺	四壞	三振	打擊率	上壘率	長打率	OPS
7	6	42	43	4	51	65	0.310	0.361	0.386	0.747
4	11	46	26	9	32	71	0.352	0.386	0.465	0.851
3	6	43	42	9	45	86	0.315	0.359	0.394	0.754
3	5	47	40	7	39	69	0.272	0.310	0.335	0.645
5	4	28	15	2	17	40	0.261	0.288	0.353	0.642
1	5	27	14	5	5	21	0.322	0.340	0.454	0.794
6	9	55	29	7	22	61	0.283	0.307	0.390	0.696
3	7	35	20	4	26	63	0.262	0.297	0.342	0.639
2	1	22	15	3	21	68	0.284	0.324	0.340	0.664
6	1	21	11	5	31	51	0.229	0.282	0.279	0.561
5	1	22	10	2	30	42	0.291	0.354	0.376	0.730
0	3	20	1	1	17	35	0.255	0.318	0.332	0.649
0	0	0	0	0	3	7	0.205	0.255	0.205	0.460
0	0	0	0	0	1	1	0	0.167	0	0.167
23	118	529	199	33	384	333	0.353	0.421	0.522	0.943
96	117	780	509	117	647	1080	0.311	0.355	0.402	0.757

年度	年齡	聯盟	球隊	出賽	打席	打數	得分	安打	二壘打
2008	34	大聯盟	水手	162	**749**	**686**	103	**213**	20
2009	35		水手	146	678	639	88	**225**	31
2010	36		水手	**162**	732	**680**	74	**214**	30
2011	37		水手	**161**	721	**677**	80	184	22
2012	38		水手	95	423	402	49	105	15
			洋基	67	240	227	28	73	13
			合計	**162**	663	629	77	178	28
2013	39		洋基	150	555	520	57	136	15
2014	40		洋基	143	385	359	42	102	13
2015	41		馬林魚	153	438	398	45	91	5
2016	42		馬林魚	143	365	327	48	95	15
2017	43		馬林魚	136	215	196	19	50	6
2018	44		水手	15	47	44	5	9	0
2019	45		水手	2	6	5	0	0	0
日本職棒（9年）				951	4098	3619	658	1278	211
大聯盟（19年）				2653	10734	9934	1420	3089	362

4026
belle vue

天才的人間力，鈴木一朗

51+5則超越野球的人生智慧

作　　者　張尤金
總 編 輯　曹　慧
主　　編　曹　慧
美術設計　比比司設計工作室
內頁排版　思　思
出　　版　奇光出版／遠足文化事業股份有限公司
E-mail: lumieres@bookrep.com.tw
粉絲團：https://www.facebook.com/lumierespublishing
發　　行　遠足文化事業股份有限公司（讀書共和國出版集團）
http://www.bookrep.com.tw
23141新北市新店區民權路108-4號8樓
電話：(02) 22181417
郵撥帳號：19504465 戶名：遠足文化事業股份有限公司
法律顧問　華洋法律事務所 蘇文生律師
印　　製　通南彩色印刷有限公司
二版一刷　2025年2月
二版二刷　2025年2月26日
定　　價　520元
I S B N　978-626-7221-90-7　書號：1LBV4026
978-626-7221921（EPUB）
978-626-7221914（PDF）

國家圖書館出版品預行編目資料

天才的人間力，鈴木一朗：51+5則超越野球的人生智慧 = Ichiro Suzuki inspirational quotes and stories of the baseball samurai / 張尤金著. -- 二版. -- 新北市：奇光出版, 遠足文化事業股份有限公司, 2025.02
面；　公分

ISBN 978-626-7221-90-7（平裝）

1. CST: 鈴木一朗　2. CST: 傳記　3. CST: 運動員
4. CST: 職業棒球　5. CST: 日本

783.18　113019656

線上讀者回函